평신도 교육교재

청지기론

평신도 교육교재

청지기론

초판 발행 · 1980년 6월 20일
재판 인쇄 · 1999년 4월 10일
개정판 2쇄 · 2023년 8월 4일

발행 · 대한예수교장로회총회
편집 · 대한예수교장로회총회 교육부
제작 · 대한예수교장로회총회 출판부

주소 · 06177 서울 강남구 영동대로 330
전화 · (02)559-5633(교육국) (02)559-5655(출판국)
팩스 · (02)539-0203(교육국) (02)6940-9384(출판국)
인터넷서점 · www.holyonebook.com
출판등록 · 제1977-000003호

※ 책값은 뒤표지에 있습니다.

평신도 교육교재

청지기론

성경통신대학 입학 안내

총회에서 운영하는 평신도 교육프로그램입니다.

특　　전 : ① 장로고시 응시자격 부여
② 장로고시 때 성경시험 면제(수료증서 노회에 제출)

과　　목 : ① 성경열람문제집(구약부, 신약부) ② 일반과목문제집
③ 헌법 ④ 표준예식서 ⑤ 성경개론 ⑥ 기초교리학
⑦ 교회사 ⑧ 교회행정학 ⑨ 예배학 ⑩ 청지기론

입학자격 : 본 교단 모든 성도

입학시기 : 수시 가능

입학방법 : ① 입학원서와 등본1부를 총회성경통신대학으로 보내주세요.
② 등록비 및 교재비(55,000원)를 계좌로 보내주세요.
국민은행 350-01-0025-319(대한예수교장로회총회)

문　　의 : 상세한 내용은 성경통신대학으로 문의하시기 바랍니다.
(성경통신대학 담당자 ☎ 559-5633)

평신도 교육교재 사용 안내

본 교재는 성경뿐 아니라 다양한 기독교 학문을 깊이 있게 다루어 신앙의 기초를 든든히 세워주는 평신도 교육교재입니다. 교회의 성경대학 프로그램이나 제자훈련 교재, 소모임 교육교재, 셀리더 교재 등 다양하게 활용할 수 있습니다.

또한, 장로, 집사, 권사, 교사 등 교회 직분자뿐만 아니라 성경공부를 하고 싶은 모든 성도들에게 적극 추천합니다.

머리말

“모든 성경은 하나님의 감동으로 된 것으로 교훈과 책망과 바르게 함과 의로 교육하기에 유익하니 이는 하나님의 사람으로 온전하게 하며 모든 선한 일을 행할 능력을 갖추게 하려 함이라”(딤후 3:16~17)

금번 발행하는 “평신도를 위한 성경공부교재”는 오래 전부터 현재까지 총회 성경통신대학에서 교재로 사용되고 있는 도서를 일반 성도들에게도 쉽게 보급하고자 출간하게 되었습니다. 성경교육의 역사가 곧 기독교의 역사라고 해도 될 만큼 말씀을 가르치고 배우는 평신도교육이 중요한 것이 사실입니다. 이러한 평신도 교육의 중요성을 알고 총회 차원에서 8개 과목(성경개론, 기초교리학, 교회사, 교회행정학, 예배학, 청지기론, 표준예식서, 헌법)으로 성경통신대학을 개설하여 장로 및 교회 직분자와 주일학교 교사 교육에 귀한 도구로 쓰임 받아 왔습니다. 이러한 때에 성경본문을 개역한글판에서 개역개정판으로 수정하고 오탈자를 바로잡아 평신도 교육교재로 새롭게 출간하게 되었습니다.

성경공부를 하고 싶은 성도라면 누구나 스스로 공부할 수 있는 기회를 만들어주는 것이 본 교재의 취지이며 그동안 성경통신대학 입학자들이 사용하는 교재를 평신도 교육교재로 확대 개편하여 출간하게 됨을 진심으로 기쁘게 생각합니다. 총회교육부가 운영하는 성경통신대학에 입학하여 성경통신대학 과정을 밟으셔도 좋고, 입학하지 않고 개인이나 소모임에서 교재를 별도 구입하여 스스로 공부를 하셔도 좋은 귀한 평신도 교육교재가 되리라 믿습니다. 이 교재를 사용하시는 모든 분이 하나님의 말씀과 교리를 체계 있게 공부함으로 개혁주의 신학과 신앙에 기초한 구원의 확신을 가지고, 은혜와 진리가 충만하여 이웃과 교회를 든든히 세우는 일에 더욱 크게 쓰임 받으시기를 간절히 바랍니다.

대한예수교장로회 교육부장

차례

제1장

청지기직이란 무엇인가?

청지기직을 실천하는 일은 그리스도인의 생활에 최대의 도전이다. 그리스도인의 삶의 열쇠는 청지기직에 있다. 그러면 청지기직이란 무엇이며, 청지기란 누구인지 살펴보도록 하자.

1. 청지기직의 의미

우리말 사전에 보면 청지기란 높은 '벼슬아치의 집에 드나들며 여러 가지 일을 맡아보던 사람'이라고 되어 있다. 또한 옥스퍼드 사전에는 청지기(Steward)란 '가옥이나 재산의 관리자로서 하인들을 부리거나 잔치를 준비한다거나 사무 직책상 또는 법률상의 일로 집주인을 대리하는 사람을 말한다'고 되어 있다.

그러면 성경에는 청지기직이 어떤 의미로 사용되었는지 알아보자.

구약의 청지기직

창세기 15장 2절에 아브라함은 "주 여호와여 무엇을 내게 주시려 하나이까 나는 자식이 없사오니 나의 상속자(KJV, Steward)는 이 다메섹 사람 엘리에셀이니이다"라고 기도하였다. 이 말은 "내가 아들 없이 죽게 되면 나의 청지기가 나의 모든 재산을 상속하게 될 것입니다"라는 뜻이다. 여기서 청지기는 직계 자손 다음으로 그 집안의 막강한 실권자였음을 알 수 있다.

요셉은 보디발 집의 청지기로 지낸 적이 있었다. 보디발은 바로 임금의 신하로서 "자기의 소유를 다 그의 손에 위탁"(창 39:4)했다. 청지기로서의 요셉은 자기 소유는 하나도 없었지만 모든 것을 주관하였다. 주인은 그에게 자기의 모든 소유를 주관할 것을 위임하였다.

엘라왕 시대에는 청지기가 왕을 대접할 만큼 사회적 지위가 높았다(왕상 16:9). 다윗 임금이 나라의 주요한 문제들을 해결하기 위하여 그 나라의 지도자들을 소집하였을 때는 청지기들이 그 자리에 참석하였다(대상 28:1).

신약의 청지기직

청지기가 책임이 막중한 귀중한 일꾼임은 예수님의 비유 속에서도 나타난다.

"어떤 부자에게 청지기가 있는데…"(눅 16:1).

"저물매 포도원 주인이 청지기에게 이르되 품꾼들을 불러 나중 온 자로부터 시작하여 먼저 온 자까지 삯을 주라 하니"(마 20:8).

바울은 자기 자신의 소명에 대하여 "맡은 자들에게 구할 것은 충성이니라"고 말하였다(고전 4:2).

또한 베드로는 청지기직의 개념을 그리스도인의 삶에 적용시키면서 이렇게 말하였다.

"각각 은사를 받은 대로 하나님의 여러 가지 은혜를 맡은 선한 청지기같이 서로 봉사하라 만일 누가 말하려면 하나님의 말씀을 하는 것같이 하고 누가 봉사하려면 하나님이 공급하시는 힘으로 하는 것같이 하라 이는 범사에 예수 그리스도로 말미암아 하나님이 영광을 받으시게 하려 함이니 그에게 영광과 권능이 세세에 무궁하도록 있느니라 아멘"(벧전 4:10~11).

이상의 모든 것들로 볼 때, 청지기란 돼지우리를 지키는 천한 사람을 가리키는 것이 아니고, 주인을 대신하여 주인의 모든 소유를 관리하고 감독하는 귀중한 직임자라는 것을 알 수 있다.

어원적 의미

본래 청지기직을 의미하는 오이코노미아(Oikonomia)라는 헬라어는 '가정의 관리'라는 뜻의 복합어이다. 그리고 가정을 관리하는 사람은 청지기(오이코노모스, Oikonomos) 또는 감독관(에피트로포스, Epitropos)이라고 불린다. 이러한 말들의 개념은 모두 노예 제도에서 유래된 것이다. 즉 주인은 똑똑하고 믿음직스러운 노예를 지명하여 가정을 관리하도록 하고, 가족들 특히 다른 노예들과 자녀들을 가르치며 훈육하게 하였다. 이러한 사실에서 알 수 있듯이 청지기는 소유주가 아니라 관리인이다. 그러나 그는 주인을 대신해서 그 집의 모든 살림살이를 도맡아 영위하는 총책임자이다.

좋은 청지기인지 아닌지의 여부는 그가 주인의 뜻에 얼마나 잘 순종하느냐에 의하여 결정된다. 주인의 뜻을 거슬러 재산을 관리하는 자는 불의한 청지기일 것이며, 주인의 심중을 잘 살펴 일을 처리하는 자는 선한 청지기일 것이다.

하나님은 우리를 이 세상의 청지기로 부르셨다. 창조의 시편으로 불리는 시편 8편에는, 시인이 사람이 무엇이냐고 묻고 나서 이렇게 대답한다.

"그를 하나님보다 조금 못하게 하시고 영화와 존귀로 관을 씌우셨나이다 주의 손으로 만드신 것을 다스리게 하시고 만물을 그의 발 아래 두셨으니"(시 8:5~6).

하나님께서는 이 세상이라는 가산을 인간의 관리하에 두셨다. 인간은 이 세상의 소유주가 아니라 관리인이요 청지기이다. 하나님은 우리에게 선한 청지기가 되기를 바라신다.

2. 청지기직의 기본 원리

하나님은 창조주이시며 만물의 소유주이시고, 인간은 그의 청지기다. 하나님께서는 영원한 생명을 담보로 인간과 언약을 맺으시고 청지기로 삼으셨다. 특별히 그리스도인들은 하나님 나라의 백성으로서 선한 청지기의 직분을 수행해야 할 귀중한 책임을 맡았다.

성경이 교훈하는 청지기직의 기본 원리는 다음과 같다.

하나님은 만물의 주인이시다

하나님께서 천하 만물을 창조하셨으므로 만물은 모두 하나님의 것이다.

"태초에 하나님이 천지를 창조하시니라"(창 1:1).

"땅과 거기에 충만한 것과 세계와 그 가운데에 사는 자들은 다 여호와의 것이로다"(시 24:1).

인간을 포함한 모든 만물이 하나님의 것이다. 바로 이것이 가장 우선적이고 가장 기본적인 청지기직의 원리다.

하나님은 우리를 구원하셨다

하나님은 우리를 지으셨을 뿐 아니라 우리를 구원하여주셨다. 예수 그리스도의 십자가 보혈로 말미암아 우리를 구속하여 자신의 것으로 삼으셨다.

"너희 몸은 너희가 하나님께로부터 받은 바 너희 가운데 계신 성령의 전인 줄을 알지 못하느냐 너희는 너희 자신의 것이 아니라 값으로 산 것이 되었으니 그런즉 너희 몸으로 하나님께 영광을 돌리라"(고전 6:19~20).

하나님은 창조와 구속이라는 두 번의 사역을 통하여 우리를 당신의 소유로 삼으셨다. 그러므로 우리는 우리 몸에 대해서도 우리 마음대로 사용할 수 있는 소유권을 주장할 수 없고, 오직 주인이신 하나님의 뜻대로 사용해야 한다.

우리는 청지기다

소유와 점유는 엄밀히 구별된다. 우리가 가지고 있는 모든 것은 하나님께 위탁받은 것이다. 만물은 하나님의 소유이며 우리는 다만 그것을 잠시 점유하고 있을 뿐이다. 하나님께서는 재물들을 일시적으로 우리에게 맡겨 사용하도록 허락하신 것뿐이다. 결국에는 모든 것이 하나님께 돌아가야만 하는 것이다. 우리는 이 세상에 올 때 아무것도 가지고 온 것이 없으며 따라서 돌아갈 때에도 빈손으로 가야 한다. 그러므로 우리는 어떤 의미에서도 절대적인 소유자가 될 수 없다.

"하나님이 자기 형상 곧 하나님의 형상대로 사람을 창조하시되… 그들에게 이르시되 생육하고 번성하여 땅에 충만하라, 땅을 정복하라, 바다의 물고기와 하늘의 새와 땅에 움직이는 모든 생물을 다스리라 하시니라"(창 1:27~28).

"이는 만물이 주에게서 나오고 주로 말미암고 주에게로 돌아감이라 그에게 영광이 세세에 있을지어다 아멘"(롬 11:36).

우리는 하나님의 청지기이므로 그의 나라를 그가 기뻐하시는 방법으로 관리하여 그의 나라를 점차 확장해나가야 할 것이다. 그러기 위해서는 우리의 몸과 시간과 물질을 하나님 앞에 늘 드리기를 힘쓰지 않으면 안 된다.

청지기는 결산을 해야 한다

언젠가는 결산할 날이 오고야 말 것이다.

"오랜 후에 그 종들의 주인이 돌아와 그들과 결산할새…"(마 25:19).

"귀인이 왕위를 받아가지고 돌아와서 은화를 준 종들이 각각 어떻게 장사하였는지를 알고자 하여 그들을 부르니"(눅 19:15).

각자는 자기가 청지기직을 어떻게 수행하였는가에 의하여 판단을 받을 것이다. "잘 하였다 착한 종이여" 또는 "나의 왕 됨을 원치 아니하던 저 원수들을 이리로 끌어다가 내 앞에서 죽이라"(눅 19:17, 27).

진실하고 직무에 충실하였던 자들에게는 그날이 기쁨과 상급의 날이 되겠으나 충실치 못한 자들에게는 슬픔과 형벌의 날이 될 것이다.

청지기직은 하나의 시험이다. 우리는 하나님을 섬기는가 아니면 나 자신을 섬기는가? 주님을 섬기는가 아니면 재물을 섬기는가? 실로 청지기직은 그리스도인의 삶의 열쇠이다.

3. 청지기직의 정의

우리에게는 '청지기직이란 무엇인가' 하는 간단명료하고도 실제적이고 실천적인 정의가 필요하다. 그러나 우리는 성경의 여러 교훈들, 특히 예수 그리스도의 모범과 가르침 그리고 초대 교인들의 생활을 종합하여 어느 정도 만족스러운 정의를 얻어낼 수 있다.

청지기직에 관하여 일찍이 학자들은 다음과 같은 여러 가지 정의들을 내린 바 있다.

"청지기직은 위임받았다는 뜻을 지닌다."

"청지기직은 생활 전체를 하나님과 모든 사람의 유익을 위해 관리하는 것이다."

"청지기직은 자기의 뜻을 하나님께 완전히 굴종시키는 것이다."

“청지기직은 예수님의 삶의 철학이다.”

“청지기직은 예수님의 생활 방식이다.”

“청지기직은 그리스도인의 경험의 경제적 표현이다.”

“청지기직은 하나님 나라의 확장을 위하여 하나님께서 사람에게 맡겨주신 물질적 및 정신적 소유를 관리하는 것이다.”

“청지기직은 재능과 재산의 기독교적인 사용을 의미한다.”

“청지기직은 자기의 모든 능력을 하나님께 위탁받은 것으로 인정하는 행위이다.”

“청지기직은 하나님의 동역자라는 것이다.”

“청지기직은 기독교의 실천적 적용이다.”

“청지기직은 하나님과 인간의 동역 관계를 말하는데 하나님께서 고위 동역자라는 의미이다.”

“청지기직은 하나님 나라의 발전을 위하여 하나님의 재산을 관리하는 것을 말한다.”

“그리스도의 청지기직은 전 세계의 복지 향상을 위하여 생활 전체와 하나님께서 주신 모든 자원을 바친다는 것을 뜻한다.”

“그리스도인의 청지기직은 모든 생활을 위한 도덕적 책임감을 말한다.”

“그리스도인의 청지기직은 자기의 온몸과 힘과 소유가 하나님의 것임을 인정하는 것이며, 이러한 모든 것을 이 세상에서 그리스도의 왕국을 전파하기 위하여 충실하게 사용하는 것을 말한다.”

이상의 여러 가지 정의들은 각기 나름대로의 특징과 독자성을 지니고 있으나 그중 어느 것도 완전한 정의는 못 된다고 할 수 있다. 그래도 가장 적절히 생각되는 것은 연합청지기회(The United Steward

Conucil)에서 채택한 것이라고 하겠다. 즉, 청지기직이란 시간과 능력과 물질적 소유를 하나님께서 우리에게 맡기신 것이라는 확신하에 모든 인류의 유익을 위하여 하나님께 봉사하는 데 사용할 수 있도록 모든 것을 조직적이며 균형적으로 바쳐 실천하는 일이다.

제2장

성경에 나타난 청지기직

청지기직에 관하여 성경이 가르치는 바는 무엇인가? 또한 신구약 전체에 걸쳐서 그 청지기직이 어떻게 실천되었는가?

1. 구약에 나타난 청지기직

모세오경

"태초에 하나님이 천지를 창조하시니라"(창 1:1). 그러므로 천지 만물은 창조주 하나님의 것이다. 만물 가운데에는 인간도 포함된다. "하나님이 자기 형상 곧 하나님의 형상대로 사람을 창조하시되 남자와 여자를 창조하시고"(창 1:27).

그런데 하나님은 인간에게 하나님의 세계를 관리하도록 맡기셨다.

그리하여 첫 조상 아담과 하와가 에덴동산에 거하면서 온갖 초목들과 짐승들을 관리함으로써 인간의 청지기직은 시작된 것이다. 하나님께서 아담에게 분부하신 청지기직의 중요한 요소는 노동, 결혼, 안식이었다.

논밭을 갈고 씨를 뿌리고 초목을 가꾸며 추수하는 농사뿐 아니라 목축을 하고 자연환경을 아름답게 보호하는 모든 일 곧 노동은 인간에게 부과된 중요한 임무였다. 역사를 발전시키고 문화와 문명을 이루어가는 일은 바로 이 노동에 의하여 성취된다. 인간은 노동을 통해서 자아를 실현할 뿐만 아니라 하나님께 기쁨을 돌려드릴 수 있다. 그리고 노동에는 단순히 토지를 개간하고 집을 짓고 옷을 만드는 육체적인 일뿐만 아니라 미술과 음악 등의 정신적인 일도 포함된다.

여기서 분명히 짚고 넘어가야 할 중요한 문제는, 노동이란 본래 무거운 짐이 아니었다는 점이다. "하나님께서 지으신 모든 것이 선하매 감사함으로 받으면 버릴 것이 없나니"(딤전 4:4). 노동도 하나님이 내신 것이며 선하고 아름다운 것이다. 오늘날 우리에게 노동이 일종의 짐이 되고 있는 현상은 인간의 타락으로 말미암은 것이며 노동력이 착취당하고 억압되고 있는 사회의 구조적인 악 때문이다.

노동은 신성한 것이다. 인간에게 노동이 즐거움이 되고 보람이 되게 하기 위하여, 우리는 타락한 인간들로 하여금 하나님과 화목하게 하고 잘못된 사회를 개척해야 할 것이다.

아담에게 주어진 의무 중에 또한 중요한 것은 결혼이었다. 결혼은 "생육하고 번성하여 땅에 충만하라"고 하신 하나님의 명령에서 보듯이 문화명령의 주요한 한 요소이다. 아담과 하와를 짝지어 한 가정을 이루도록 하신 분이 하나님이시다. 결혼은 하나님의 뜻을 준행하는 것이며, 성은 아름다운 것이다. 성을 죄악시하거나 불손한 것으로 여기는 것은 잘못이다. 특별한 서원이나 개인적인 사정에 의하여 독신 생활을 하는 것은 가능하나, 독신 생활이 더 거룩하기 때문에 결혼을 회피해야 한다는 것은 이교적인 사상이다.

인간은 결혼을 통해서 자아를 완성하며 자녀를 양육함으로써 역사를 이어간다. 결혼이란 단순히 성적인 결합만이 아니고 전인(全人)적인 관계의 형성이다. 남녀가 만나서 먼저 인격적으로 하나가 되고 온전한 가정을 이루어 하나님과 사람들 앞에서 아름다운 모습으로 드러내야 하는 것이다.

아담에게 주어진 또 하나의 중요한 의무는 안식하는 일이었다. 안식은 노동과 밀접한 연관을 맺고 있으면서도 많은 사람들에게서 소홀히 여김을 받고 있는 요소이다. 안식과 노동은 동전의 양면과 같다. 이 둘은 서로 분리시킬 수 없다. 하나님께서도 6일 동안에 천지를 창조하신 후 제7일에는 안식하셨다. 그리고 그날을 복 주시고 거룩하게 하셨다(창 2:3).

하나님께서 거룩하게 하신 그날을 인간들도 마땅히 거룩하게 하고 뜻깊게 지켜야 한다. 우리의 안식일 준수 행위는 제7일을 거룩하게 하신 하나님의 행위에 부연하는 것이다.

안식일의 의미는 공간보다는 시간을 기념하려는 것이다. 우리는 주일의 6일 동안을 공간의 압제 아래서 살다가 안식일에는 시간 속에 있는 거룩함에 조화되려고 노력해야 한다. 안식일은 우리가 시간 속에 있는 영원한 것에 동참하고 창조의 결과들에서 창조의 신비로, 창조의 세계에서 세계의 창조로 돌아가는 날이다.

특별히 안식일에는 하나님께 예배하며 그분을 기리고 그분의 말씀

속에서 참 위로와 평강을 얻는 중요한 교회 생활이 들어 있다. 그런 의미에서 노동보다 안식은 더욱 중요한 가치를 지닌다. 노동이 하나의 기술이라면 완전한 안식은 하나의 예술이라고 할 수 있다.

하나님께서 창조하신 최초의 인간의 모습은 한마디로 말해서 청지기였다고 할 수 있다. 아담과 하와가 에덴동산에서 청지기직을 제대로 감당하지 못했을 때에, 하나님께서는 그들을 엄하게 꾸중하셨다. "네가 어찌하여 이렇게 하였느냐"(창 3:13).

가인과 아벨의 경우에서도 청지기직의 모습이 보인다. 그들이 여호와께 제물을 바쳤을 때 아벨의 제사는 열납되었느나 가인의 것은 열납되지 못하였다. 그들은 모두 자신의 청지기직을 인정하였으나 그것을 실행하는 방법이 달랐기 때문이다.

노아는 훌륭한 청지기였다. 그는 하나님의 명령을 좇아 오랜 세월에 걸쳐서 거대한 방주를 만들었고, 그리하여 홍수로부터 가족과 동물들의 종자를 보존하였다.

아브라함 역시 하나님의 청지기로서의 삶을 살았다. 그는 하나님의 명령대로 순종한 믿음의 사람이었다. 하나님께서 가라고 명하신 곳은 어디에나 갔으며, 자식을 제물로 바치라고 할 때도 반항하지 않았다.

또한 이스라엘의 해방자 모세도 선한 청지기로서의 삶을 보였다. 그는 하나님의 종으로서 사는 것을 바로 공주의 아들로서 사는 것보다 더 좋게 여겼다. 그는 하나님의 뜻을 따라 자기 백성을 애굽에서 해방시키고 십계명을 전달하는 일에 온몸과 마음을 다 바쳤다.

역사서

모세 시대가 지난 후 이스라엘은 가나안에 정착하여 살기 시작하였다. 그들의 삶의 기준은 모세의 율법이었다. 그들이 율법을 잘 지키고 하나님께 순종하면 번영하였으나, 배반하면 주로 외적에 의하여 압제와 고난을 겪어야 했다.

사사기의 기록을 보면, 이스라엘 백성이 하나님의 청지기로서의 신분을 망각하고 타락하면 외적의 침략으로 압제를 받게 된다. 그러면 이스라엘 백성들은 고통 속에서 하나님께 부르짖으며 회개한다. 이때 하나님은 그들에게 구원자 곧 사사들을 보내어 그들을 압제에서 구출해내신다. 바로 이러한 역사가 계속하여 반복된 것이 사사 시대다.

왕정 시대에도 동일한 삶의 원리가 계속되었다. 이스라엘 민족이 하나님의 인도하심을 받으면서 겸손히 그의 길을 걸을 때에는 평화와 번영의 축복을 누렸으나, 하나님의 영솔하심을 저버리고 각기 그릇된 길로 걸을 때에는 내우외환의 참담한 역사를 맞아야 했다.

시가서

청지기 직분이 가장 아름답게 묘사된 시는 시편 제8편이다. 그 시는 창조의 면류관인 인간의 청지기직을 멋진 선율로 노래하고 있다.

"여호와 우리 주여 주의 이름이 온 땅에 어찌 그리 아름다운지요 주의 영광이 하늘을 덮었나이다 주의 대적으로 말미암아 어린아이들과 젖먹이들의 입으로 권능을 세우심이여 이는 원수들과 보복자들을 잠잠하게 하려 하심이니이다 주의 손가락으로 만드신 주의 하늘과 주께서 베풀어두신 달과 별들을 내가 보오니 사람이 무엇이기에 주께서 그를 생각하시며 인자가 무엇이기에 주께서 그를 돌보시나이까 그를 하나님보다 조금 못하게 하시고 영화와 존귀로 관을 씌우셨나이다 주의 손으로 만드신 것을 다스리게 하시고 만물을 그의 발 아래 두셨으니 곧 모든 소와 양과 들짐승이며 공중의 새와 바다의 물고기와 바닷길에 다니는 것이니이다 여호와 우리 주여 주의 이름이 온 땅에 어찌 그리 아름다운지요"(시 8:1~9).

많은 시편들이 청지기직을 노래하고 있으나 이 시편은 그중에서도 압권이다.

선지서

선지서는 하나님을 이 세계의 주인으로, 인간을 그의 청지기로 묘사한다. 구약의 선지자들이 이스라엘의 죄악을 책망한 내용을 살펴보면 대부분 청지기 직분에 대한 소홀함이나 불충성스러움인 것을 알 수 있다. 인간의 청지기직을 묘사한 기록들을 몇 가지 살펴보자.

"나는 내 큰 능력과 나의 쳐든 팔로 땅과 지상에 있는 사람과 짐승들을 만들고 내가 보기에 옳은 사람에게 그것을 주었노라"(렘 27:5).

"모든 영혼이 다 내게 속한지라"(겔 18:4).

"은도 내 것이요 금도 내 것이니라 만군의 여호와의 말이니라"(학 2:8).

"곡식과 새 포도주와 기름은 내가 그에게 준 것이요… 은과 금도 내가 그에게 더하여 준 것이거늘 그가 알지 못하도다"(호 2:8).

"사람이 어찌 하나님의 것을 도둑질하겠느냐 그러나 너희는 나의 것을 도둑질하고도 말하기를 우리가 어떻게 주의 것을 도둑질하였나이까 하는도다 이는 곧 십일조와 봉헌물이라 너희 곧 온 나라가 나의 것을 도둑질하였으므로 너희가 저주를 받았느니라 만군의 여호와가 이르노라 너희의 온전한 십일조를 창고에 들여 나의 집에 양식이 있게 하고 그것으로 나를 시험하여 내가 하늘 문을 열고 너희에게 복을 쌓을 곳이 없도록 붓지 아니하나 보라"(말 3:8~10).

2. 신약에 나타난 청지기직

신약에서 청지기직은 특별히 예수님의 교훈 가운데서 가장 많이 나타난다. 구약의 청지기직과 신약의 청지기직 사이의 차이점은, 전자는 율법적인 측면에서 강조된 반면에 후자는 복음적인 입장에서 요청되고 있다는 점이다. 그러나 그 근본 정신은 둘이 모두 동일하다.

예수님의 가르치심

예수님께서는 제자들에게 "나의 양식은 나를 보내신 이의 뜻을 행하며 그의 일을 온전히 이루는 이것이니라" 하고 말씀하심으로써, 자신의 사명 곧 청지기 직분을 단적으로 표명하셨다(요 4:34). 예수님의 삶은 철두철미하게 하나님의 뜻을 이루기 위하여 온몸과 마음을 바친 것이었다. 겟세마네 동산에서 최후의 유혹을 당했을 때에도 예수님께서는 이렇게 기도하셨다. "만일 할 만하시거든 이 잔을 내게서 지나가게 하옵소서 그러나 나의 원대로 마시옵고 아버지의 원대로 하옵소서 하시고"(마 26:39).

예수님은 교훈과 모범의 두 가지 측면에서 청지기직을 가르쳐주셨다. 예수님의 교훈을 몇 가지만 살펴보자.

1) 어리석은 부자

"또 비유로 그들에게 말하여 이르시되 한 부자가 그 밭에 소출이 풍성하매 심중에 생각하여 이르되 내가 곡식 쌓아둘 곳이 없으니 어찌할까 하고 또 이르되 내가 이렇게 하리라 내 곳간을 헐고 더 크게 짓고 내 모든 곡식과 물건을 거기 쌓아두리라 또 내가 내 영혼에게 이르되 영혼아 여러 해 쓸 물건을 많이 쌓아두었으니 평안히 쉬고 먹고 마시고 즐거워하자 하리라 하되 하나님은 이르시되 어리석은 자여 오늘 밤에 네 영혼을 도로 찾으리니 그러면 네 준비한 것이 누구의 것이 되겠느냐 하셨으니 자기를 위하여 재물을 쌓아두고 하나님께 대하여 부요하지 못한 자가 이와 같으니라"(눅 12:16~21).

본문의 부자는 하나님으로부터 많은 곡식을 관리하도록 위탁받았으나, 그는 그것을 개인의 욕망을 충족시키려는 데 사용하였다. 그는 하나님께 감사할 줄 몰랐고 가난한 자들과 함께 나누어 가지려는 마음을 갖지 않았다. 그는 자기의 많은 곡식을 관리함에 있어서 '나'라는 일인칭 대명사를 여섯 번이나 언급하였다.

주인의 뜻을 거역하는 청지기는 교체될 수 밖에 없다. 하나님께서 당장이라도 그 영혼을 불러가시면 그 소유는 타인의 손으로 넘어갈 수밖에 없는 것이다.

2) 달란트의 비유

"또 어떤 사람이 타국에 갈 때 그 종들을 불러 자기 소유를 맡김과 같으니 각각 그 재능대로 한 사람에게는 금 다섯 달란트를, 한 사람에게는 두 달란트를, 한 사람에게는 한 달란트를 주고 떠났더니 다섯 달란트 받은 자는 바로 가서 그것으로 장사하여 또 다섯 달란트를 남기고 두 달란트 받은 자도 그같이 하여 또 두 달란트를 남겼으되 한 달란트 받은 자는 가서 땅을 파고 그 주인의 돈을 감추어두었더니 오랜 후에 그 종들의 주인이 돌아와 그들과 결산할새 다섯 달란트 받았던 자는 다섯 달란트를 더 가지고 와서 이르되 주인이여 내게 다섯 달란트를 주셨는데 보소서 내가 또 다섯 달란트를 남겼나이다 그 주인이 이르되 잘하였도다 착하고 충성된 종아 네가 적은 일에 충성하였으매 내가 많은 것을 네게 맡기리니 네 주인의 즐거움에 참여할지어다 하고 두 달란트 받았던 자도 와서 이르되 주인이여 내게 두 달란트를 주셨는데 보소서 내가 또 두 달란트를 남겼나이다 그 주인이 이르되 잘하였도다 착하고 충성된 종아 네가 적은 일에 충성하였으매 내가 많은 것을 네게 맡기리니 네 주인의 즐거움에 참여할지어다 하고 한 달란트 받았던 자는 와서 이르되 주인이여 당신은 굳은 사람이라 심지 않은 데서 거두고 헤치지 않은 데서 모으는 줄을 내가 알았으므로 두려워하여 나가서 당신의 달란트를 땅에 감추어두었었나이다 보소서 당신의 것을 가지셨나이다 그 주인이 대답하여 이르되 악하고 게으른 종아 나는 심지 않은 데서 거두고 헤치지 않은 데서 모으는 줄로 네가 알았느냐 그러면 네가 마땅히 내 돈을 취리하는 자들에게나 맡겼다가 내가 돌아와서 내 원금과 이자를 받게 하였을 것이니라 하고 그에게서 그 한 달란트를 빼앗아 열 달란트 가진 자에게 주라 무릇 있는 자는 받아 풍족하게 되고 없는 자는 그 있는 것까지 빼앗기리라 이 무익한 종을 바깥 어두운 데로 내쫓으라 거기서 슬피 울며 이를 갈리라 하니라"(마 25:14~30).

달란트는 재능이란 의미를 지니고 있다. 하나님은 우리 모두에게 각각 필요한 대로 재능을 주셨다. 우리는 그 재능들을 잘 활용하여 하나님께 영광을 돌려야 할 책임이 있다. 마지막 날에 하나님께서 청지기 직분을 잘 감당하였는지에 관하여 우리를 심판하실 것이다. 우리는 이 엄숙한 사명으로부터 그 책임을 회피할 수 없다.

3) 최후의 심판

"인자가 자기 영광으로 모든 천사와 함께 올 때에 자기 영광의 보좌에 앉으리니 모든 민족을 그 앞에 모으고 각각 구분하기를 목자가 양과 염소를 구분하는 것같이 하여 양은 그 오른편에 염소는 왼편에 두리라 그때에 임금이 그 오른편에 있는 자들에게 이르시되 내 아버지께 복 받을 자들이여 나아와 창세로부터 너희를 위하여 예비된 나라를 상속받으라 내가 주릴 때에 너희가 먹을 것을 주었고 목마를 때에 마시게 하였고 나그네 되었을 때에 영접하였고 헐벗었을 때에 옷을 입혔고 병들었을 때에 돌보았고 옥에 갇혔을 때에 와서 보았느니라 이에 의인들이 대답하여 이르되 주여 우리가 어느 때에 주께서 주리신 것을 보고 음식을 대접하였으며 목마르신 것을 보고 마시게 하였나이까 어느 때에 나그네 되신 것을 보고 영접하였으며 헐벗으신 것을 보고 옷 입혔나이까 어느 때에 병드신 것이나 옥에 갇히신 것을 보고 가서 뵈었나이까 하리니 임금이 대답하여 이르시되 내가 진실로 너희에게 이르노니 너희가 여기 내 형제 중에 지극히 작은 자 하나에게 한 것이 곧 내게 한 것이니라 하시고 또 왼편에 있는 자들에게 이르시되 저주를 받은 자들아 나를 떠나 마귀와 그 사자들을 위하여 예비된 영원한 불에 들어가라 내가 주릴 때에 너희가 먹을 것을 주지 아니하였고 목마를 때에 마시게 하지 아니하였고 나그네 되었을 때에 영접하지 아니하였고 헐벗었을 때에 옷 입히지 아니하였고 병들었을 때와 옥에 갇혔을 때에 돌보지 아니하였느니라 하시니 그들도 대답하여 이르되 주여 우리가 어느 때에 주께서 주리신 것이나 목마르신 것이나 나그네 되신 것이나 헐벗으신 것이나 병드신 것이나 옥에 갇히신 것을 보고 공양하지 아니하더이까 이에 임금이 대답하여 이르시되 내가 진실로 너희에게 이르노니 이 지극히 작은 자 하나에게 하지 아니한 것이 곧 내게 하지 아니한 것이니라 하시리니 그들은 영벌에, 의인들은 영생에 들어가리라 하시니라"(마 25:31~46).

이 본문은 성경 가운데서 최후의 심판 광경이 가장 실감나게 묘사된 곳이다. 성경의 그 어느 곳도 이보다 더 자세하게 마지막 심판을 묘사한 곳은 없다. 예수님의 이 교훈은 하나님께 받은 생명을 이웃을 위하여 사용하지 않고 개인의 욕심을 채우는 데 사용한 불의한 청지기들은 영원한 형벌을 받으나 이웃에게 선을 베푼 선한 청지기들은 천국에 들어간다는 것을 알려준다. 이 말씀은 인간의 선행이나 공로로 구원을 받는다는 점을 강조한 것이 아니고 참된 믿음은 행함을 수반한다는 교훈이다. 행함이 없는 믿음은 죽은 것이며, 진정한 믿음이 아니다. 우리는 하나님께 받은 생명과 은사와 재물 등의 모든 소유들을 가지고 하나님의 영광을 위하여 이웃에게 사랑을 베풀어야 한다. 나 혼자 잘 먹고 잘 살면 그만이라는 악마적인 생각은 불의한 청지기의 좌우명일 것이다. 우리는 언제나 하나님 앞에서(Coram Deo) 책임 있는 존재로서 충성스러운 청지기가 되어야 할 것이다. 우리는 가정과 교회와 사회 그리고 나 자신에 대해서도 청지기 정신으로 살아야 할 것이다.

이 외에도 예수님께서 가르치신 청지기 직분에 대한 교훈은 많다. 이를테면 열 므나의 비유(눅 19:11~27), 탕자의 비유(눅 15:11~32), 악한 농부의 비유(마 21:33~42), 불의한 청지기 비유(눅 16:1~12), 포도원 주인의 비유(마 20:1~16) 또한 삭개오와 동전 두 닢을 연보한 과부 이야기 등이 모두 청지기 직분에 관한 교훈을 담고 있다.

초대 교회의 모범

오순절에 성령 강림으로 탄생한 교회는 청지기 직분을 잘 감당한 모범을 보여주었다. 그들은 성령 충만을 경험하였으며 하나님의 말씀에 사로잡힌 자들이었다. 그들의 청지기적 생활 태도는 다음과 같은 말씀 속에 잘 나타나 있다.

"믿는 사람이 다 함께 있어 모든 물건을 서로 통용하고 또 재산과 소유를 팔아 각 사람의 필요를 따라 나눠주며"(행 2:44~45).

"믿는 무리가 한마음과 한 뜻이 되어 모든 물건을 서로 통용하고 자기 재물을 조금이라도 자기 것이라 하는 이가 하나도 없더라"(행 4:32).

"그중에 가난한 사람이 없으니 이는 밭과 집 있는 자는 팔아 그 판 것의 값을 가져다가 사도들의 발 앞에 두매 그들이 각 사람의 필요를 따라 나누어줌이라"(행 4:34~35).

이상의 구절에서 볼 때 초대 교회는 다음과 같은 몇 가지 원리 안에서 성도의 교제를 나누었다고 생각된다.

첫째, 그들은 자기들의 소유를 하나님께 위탁받은 것으로 인정하였다. 그들의 재산은 모두 하나님의 것이었기 때문에 하나님의 뜻에 따라 사용해야 한다고 생각하였다.

둘째, 그들은 십일조 또는 재산의 일부가 아니라 전 재산이 하나님의 것이라고 인식하였다. 따라서 필요한 경우가 생기면 소유의 전부를 팔아서라도 바쳐야 한다고 믿었다.

셋째, 청지기직은 자원하는 마음으로 감당해야 한다는 것이었다. 주님을 사랑하고 이웃을 사랑하는 정신에서 우러나오지 않은 봉사와 구제는 온전할 수 없다. 마치 아나니아와 삽비라의 경우처럼 비록 헌금을 하였어도 성령을 속임으로써 결과적으로 개악되는 수도 있다.

사도 바울의 교훈

바울은 위대한 선교사요 신학자였다. 그가 그렇게 위대한 인물이 될 수 있었던 까닭은 청지기로서의 사명을 잘 감당하였기 때문이다. 그는 그리스도를 위하여서는 모든 것들을 배설물로 여길 정도로 자신을 온전히 주님께 바친 사람이었다(빌 3:8).

바울이 그리스도인들의 청지기직에 관하여 말한 내용을 몇 가지만 들어보자.

"우리가 살아도 주를 위하여 살고 죽어도 주를 위하여 죽나니 그러므로 사나 죽으나 우리가 주의 것이로다"(롬 14:8).

"네게 있는 것 중에 받지 아니한 것이 무엇이냐"(고전 4:7).

"너희 몸은 너희가 하나님께로부터 받은 바 너희 가운데 계신 성령의 전인 줄을 알지 못하느냐 너희는 너희 자신의 것이 아니라 값으로 산 것이 되었으니 그런즉 너희 몸으로 하나님께 영광을 돌리라"(고전 6:19~20).

"그런즉 너희가 먹든지 마시든지 무엇을 하든지 다 하나님의 영광을 위하여 하라"(고전 10:31).

이상에서 개략적으로 살펴본 바와 같이 청지기직은 신구약 성경 전체에 흐르고 있는 사상이다. 그리고 그것은 하나님의 나라를 이 땅에 이루시려는 주님의 계획의 중요한 일익을 감당하고 있다. 또한 청지기 직분은 하나님의 언약과도 밀접한 연관을 맺고 있다. 청지기 직책을 잘 준행하는 것이 곧 하나님의 언약을 잘 지키는 것이 된다. 또한 청지기 직분은 그리스도인의 두 가지 큰 사명 곧 문화사명(Cultural Mandate) 및 전도사명(Great Commission)과 직결된다. 그리스도인들이 자신을 청지기로서 자각하지 않고 이러한 사명들을 감당하려면 실로 힘들 수밖에 없다.

제3장

내 몸의 청지기

우리 몸은 하나님으로부터 받은 것이며 우리는 그 몸의 청지기다. 여기서 몸이란 머리, 가슴, 눈, 코, 귀, 입 등의 신체 각 부분만을 가리키는 것이 아니라 마음과 뜻과 영혼 등을 모두 포함한다.

1. 하나님으로부터 받은 몸

바울은 "너희 몸은 하나님으로부터 받은 몸"이라고 하였다(고전 6:19). 내 몸은 내 소유가 아니라 하나님의 소유다. 하나님께서 우리를 지으셨기에 우리 몸은 하나님의 것이다. 또한 그리스도께서 자기의 생명으로, 즉 그 피로 값을 주고 사셨으니 우리는 하나님의 소유다. 우리는 창조와 구속이라는 두 가지 사건을 통하여 두 번 하나님의 소유로 확정되었다.

인간의 생명이 하나님에게서 왔다는 것은 단순히 천지 창조 때에 하나님이 아담과 하와를 만드셨다는 것만을 가리키는 것이 아니다. 그것은 우리 개개인이 하나님의 창조의 능력에 의하여 생명을 부여받았다는 것을 의미한다.

인간의 생명이 언제 어디에서 어떻게 시작되느냐 하는 문제에 관하여 여러 가지 의견이 있다. 먼저, 영혼이 전세(前世)에 실재하여 있다가 난자와 정자가 수정되는 순간 그 속으로 들어가서 생명이 된다고 하는 이론이 있다. 그러나 이 이론은 비성경적이고 영육 이원론에 기초한 이방 철학적 견해다. 그 다음에, 인간의 영혼과 육체가 모두 부모에게서 물려받은 것이라는 이론이 있다. 그러나 이 이론도 그리스도의 무죄성을 설명하지 못하며 하나님의 계속적인 창조 사역을 무시한다는 결점을 지니고 있다.

마지막으로 하나님께서는 인간의 정자와 난자가 결합하는 순간에 영혼을 창조하여 결합시킨다고 하는 이론이 있다. 이 교리는 개혁파 교회가 가장 성경적인 것으로 채택한 것이다. 우리는 단순히 부모의 성행위에 의한 우연의 산물이 아니라 하나님의 계획과 창조 사역에 의하여 생명을 가지게 된 것이다.

그리고 우리 몸이 그리스도의 피 값에 의하여 구속되었다는 것은 노예 시장에서 노예들의 매매를 염두에 두고 한 말이다. 고대 세계에서는 사람을 돈 주고 팔거나 사는 일이 있었다. 이때 사고팔리는 자들은 물론 노예들이었는데, 그들에게는 자유가 없었고 오직 주인이 시키는 대로 행동해야 할 의무만이 있었다. 따라서 그들에게 자유를 얻는다는 것은 새로운 생명을 얻는 것과 같은 의미를 지닌다.

그들이 자유를 얻을 수 있는 길은 무엇인가? 그것은 누군가가 그

노예를 값 주고 사서 해방시켜주면 된다. 바울은 이것을 생각하고, 그리스도인은 본래 죄의 노예였는데 그리스도의 피로 값 주고 샀다고 하였다. 베드로는 "은이나 금같이 없어질 것으로 된 것이 아니요 오직 흠 없고 점 없는 어린 양 같은 그리스도의 보배로운 피로 된 것"이라고 하였다(벧전 1:18~19).

그러므로 우리는 하나님께 우리 몸을 드려야 한다. 몸을 주께 드리는 일은 청지기의 첫째 되는 일이다. 시간적으로도 첫째이며 그 중요성에서도 첫자리가 된다.

우리가 자신을 하나님께 드리는 일은 하나님의 영광을 위하여 우리 몸을 사용하는 것을 의미한다. 우리는 우리의 몸으로 하나님을 영화롭게 해야 한다. 이것은 웨스트민스터 요리문답의 제1문답에서도 명쾌히 표현되었듯이 인간의 제일 되는 목적이기도 하다.

2. 성령의 전

바울은 우리에게 "너희 몸은 너희가 하나님께로부터 받은 바 너희 가운데 계신 성령의 전인 줄 알지 못하느냐"(고전 6:19)라고 교훈한다. 예수님은 자신의 몸을 가리켜 성전이라고 하셨는데(요 2:21), 우리의 몸이 그리스도의 지체인 만큼 주의 성전임이 분명하다.

이교도의 전은 우상이 거하는 곳이요 유대교의 성전은 하나님의 임재를 상징하는 장소일 뿐이나 그리스도인의 몸은 성령 자신이 거하시는 성전이다. 예수님은 제자들에게 "진리의 영이라… 너희는 그를 아나니 그는 너희와 함께 거하심이요 또 너희 속에 계시겠음이라"고 말씀하시면서 성령의 내주(內住)를 가르치셨고(요 14:17), 바울도 교훈하기를 "하나님의 성령이 너희 안에 계시는 것을 알지 못하느냐"고 하였다(고전 3:16).

우리는 성령의 전인 우리 몸을 깨끗하고 건강하게 관리하여야 할 의무가 있다. 성령의 전을 우상과 탐욕과 음란한 마음으로 더럽혀서는 안 된다. 예수님께서 말씀하신 바와 같이 씻지 않은 손으로 먹는 것이 사람을 더럽게 하는 것이 아니고, "입에서 나오는 것들은 마음에서 나오나니 이것이야말로 사람을 더럽게" 하는 것이다. "마음에서 나오는 것은 악한 생각과 살인과 간음과 음란과 도적질과 거짓 증거와 비방"이다(마 15:18~20).

우리는 몸을 깨끗하게 해야 할 뿐 아니라 건강하게 해야 한다. 우리가 아무리 훌륭한 재주를 지니고 있고 역량이 뛰어나다 하더라도 건강하지 못하면 그것을 활용할 수 없다. 적어도 자신의 능력을 어느 정도 발휘할 수 있는 정도의 튼튼한 몸을 가꾸어야 한다. 건강을 위해 운동도 하고 절제 생활도 하고 위생에도 신경을 써야 한다. 건강을 잃으면 모든 것을 잃는 것이다.

제4장

시간의 청지기

그리스도인의 시간은 자기 자신의 것이 아니다. 경건 생활의 제일 우선순위는 시간을 관리하는 일이다. 사람들은 시간을 돈이라고 부르지만, 실상 시간은 돈 이상의 것이다. 그것은 곧 생명이다. 만일 우리가 한 시간을 낭비하였다면 우리의 생명이 그만큼 단축된 것을 의미한다. 그러므로 사도 바울은 "지혜 없는 자와 같이 하지 말고 지혜 있는 자와 같이 행하라"고 하면서 "세월을 아끼라 때가 악하니라"고 하였다(엡 5:15~16).

1. 시간이란 무엇인가?

어거스틴은 시간에 관하여 이런 유명한 말을 남겼다. "시간이란 무엇인가? 만약 아무도 묻지 않으면 나는 그것을 아는 것 같다. 그러나 묻는 이가 있어서 시간에 관하여 그에게 설명하려 할 때 나는 아무것도 모르게 된다"(고백록 11권 14장).

우리가 시간에 관하여 쉽게 이야기를 나누지만 시간만큼 신비스러운 것도 없다. 시간이 언제 어떻게 시작되어 어디로 흐르다가 언제 어떻게 끝나게 되는지 잘 모른다. 또한 시간과 영원의 관계가 어떤 것인지 잘 모른다. 시간과 영원은 별개의 것인지 아니면 장구하게 긴 시간이 영원인지 또는 무시간성(無時間性)이 영원인지 정확한 대답을 내리기 힘들다.

기독교는 공간보다는 시간을 중요시하는 종교다. 기독교 신앙을 좀 더 잘 알기 위해서는 시간에 관하여 바른 견해를 가져야 할 필요가 있다.

시간은 하나님의 피조물

태초에 하나님께서 천지의 삼라만상을 창조하셨다. 이때 하나님은 공간과 아울러 시간을 창조하셨다. 그러므로 시간은 천지 창조와 더불어 시작된 것이라고 할 수 있다.

그리고 시간은 종말의 때에 그 막을 내리게 될 것이다. 예수님의 재림으로 말미암아 역사의 막이 내리고 새로운 세계로 들어가는 그 순간에 현재와 같은 시간의 의미는 없어지고 말 것이다. 그 영원한 세계에서는 시간이라는 것이 설사 존재한다 할지라도 오늘날과 같은 시간 개념과는 분명히 다를 것이다. 그때에는 어린 양과 사자가 함께 뛰놀며 갓난아기가 독사 굴에 손을 집어넣어도 상하지 않는 아름다운 세계가 될 것이다(사 11:6~9). 즉 공간이 완벽하게 완성될 것이며 시간이 아름답게 승화될 것이다.

그 세계의 영원성은 단순히 시간과 장구한 연속(endless time)이라거나 무시간성(timelessness)이라기보다는 시간의 완성이며 제3의 시간이라고 할 수 있을 것이다. 부활하여 신령한 몸을 입은 성도들이 활동하기에 적합한 시간일 것이다.

우리는 지금 태초에서 시작되어 종말로 향하여 흐르고 있는 시간 속에서 살고 있다. 시간은 영원히 순환 또는 윤회하는 것이 아니다. 시간은 분명한 목표를 향해 나아가고 있는 것이다. 이러한 시간관에 입각한 기독교 역사관을 직선적 역사관이라고 부른다. 시간은 하나님에 의하여 창조되었고 하나님에 의하여 유지되다가 마침내 하나님에 의하여 완결될 것이다.

시간은 하나님의 선물

옛글에 '척벽비보 촌음시경(尺璧非寶 寸陰是競)'이라는 말이 있다. "많은 금은이 보배가 아니요 시간이 보배다"라는 뜻이다. 이렇게 귀중한 시간을 우리는 돈을 주고 살 수 없고 또한 늦추거나 당길 수 없다. 천금을 주고도 살 수 없는 시간을 하나님께서 우리에게 주신 것이다. 그런데 이 시간은 매우 제한되어 있다. 그러므로 우리는 시간을 선용하지 않으면 안 된다. 우리가 시간을 활용하든 방치하든 시간은 쉼없이 흘러간다. 우리가 성공자가 되느냐 실패자가 되느냐 하는 것도 우리에게 주어진 시간을 어떻게 활용하느냐에 달려 있다.

우리는 하나님으로부터 시간을 선물로 받은 청지기다. 우리는 시간을 잘 사용하여야 한다. 인생의 수명이 보통 70년이요 강건하면 80

년이다. 화살과 같이 빨리 날아가는 인생을 선용하는 일은 청지기직 중에서 가장 으뜸 되는 것이다. 시간은 곧 생명이다. 시간을 낭비하는 것은 곧 생명을 낭비하는 것이다. 아무도 자기에게 주어진 시간의 양을 알지 못한다. 따라서 우리는 매일매일의 삶을 귀중하게 여기고 매 순간마다 최선의 생활을 해야 할 것이다.

시간의 현재성

우리에게 시간이란 '영원한 현재'로서만 존재한다. 사람들은 편의상 시간을 과거, 현재, 미래 또는 어제, 오늘, 내일 등으로 나누어 생각하지만 실제로 우리가 만나는 시간은 언제나 현재일 뿐이다. 현재는 과거가 종결되는 순간이며 미래가 시작되는 순간이다. 그래서 아리스토텔레스는 현재란 '종결인 동시에 시작'이라고 하였다. 이와 비슷한 관점에서 페러(Nels Ferre)는 실존하는 것은 현재뿐이라고 하였다.

현재는 본질상 과거와 미래에서 독립적이거나 고립된 순간으로서 존재하는 것은 아니다. 현재가 현재로서의 의미를 가지기 위해서는 그 전후 관계를 필연적으로 함께 생각해야 한다. 과거는 현재의 기억으로서, 미래는 현재의 기대로서 살아 있어야 한다. 그러나 역시 제일 중요한 것은 현재다. 과거와 미래는 현재 속에 담겨 있다. 현재의 나를 통하여 과거의 내가 어떻게 살았는가를 알 수 있고, 현재의 내 모습을 보면 나의 미래상을 역시 알 수 있다.

우리는 책임을 과거나 미래로 돌려서는 안 된다. 과거를 탓하지 말고 미래로 미루지 말라. 과거가 아무리 좋았다 할지라도 현재가 나쁘면 무슨 유익이 있겠는가? 또 오늘 해야 할 일을 내일로 미루지 말라. 불확실한 내일을 의지하는 자는 실패할 수 밖에 없다. 이런 이야기가 있다.

지옥에서 사탄과 마귀들이 모여서 회의를 개최하였다. 그 주제는 '어떻게 하면 더 많은 영혼들을 지옥으로 끌고 올 수 있을 것인가' 하는 것이었다. 한 마귀가 이런 제안을 하였다.

"성경은 모순투성이고 하나님은 없다고 꾀자."

그러나 성경이 엉터리없는 책이라고 증명하면 할수록 오히려 진리라는 것이 더욱 밝혀지고, 하나님을 부정하려 할수록 하나님의 살아계심을 더 깊이 믿게 되기 때문에 그 제안은 거부되었다. 다른 마귀가 말하기를 "심한 박해를 가하여 예수 믿는 신자의 수효를 줄이자"고 하였다. 그러나 순교의 피는 교회 성장의 밑거름이 될 뿐이었다고 하여 역시 거부되었다. 그런데 한쪽 구석에 앉아 있는 한 늙은 마귀가 이렇게 말하였다.

"성경은 하나님의 말씀이고, 하나님은 살아 계시며, 예수 그리스도는 살아계신 구세주이시니, 그의 말씀대로 믿고 준행하자. 전도도 하고 기도도 하고 헌금도 하고 모든 것을 다 하되 오늘은 바쁘니 내일 하자라고 사람들을 미혹하자."

그 마귀는 아는 것과 행하는 일 사이의 간격이야말로 사람들을 공략하기에 최고점이라는 것을 포착하였던 것이다. 그리하여 그의 견해가 만장일치로 채택되어 오늘날까지 활용되고 있다고 한다.

모든 일에는 다 때가 있다. 기회가 지나가버린 뒤에는 후회해도 소용이 없다. 오늘을 중요시하고 현재를 소홀히 하지 말라.

시간의 보편성

모든 사람에게 시간은 똑같은 속도로 흘러간다. 누구에게나 하루는 24시간으로 구성되어 있다. 우리가 흔히 "나는 시간이 없으니 다른 사람에게, 즉 나보다 시간이 많은 사람에게 부탁하라"고 말하는 습관이 있다. 그러나 하나님이 우리에게 주신 기회는 동일하다. 다만 동일한 시간을 어떻게 활용하느냐에 따라서 일의 양은 달라질 수 있다. 어떤 사람이 1년 동안에 할 수 있는 일을 다른 사람은 2~3년 해야 할 경우도 있으며, 유능한 사람은 6개월 만에도 끝낼 수 있다.

동일한 양의 시간을 가지고 사람마다 이와 같이 다른 결과를 얻는 것은 각 사람의 시간의 질이 다르기 때문이다. 우리는 양적인 시간을 질적인 시간으로 바꾸어 사용해야 한다.

시간을 질적으로 사용하기 위해서는 몇 가지 방법이 있다.

첫째, 부지런해야 한다. 제으름과 휴식은 다르다. 바울은 "부지런하여 게으르지 말고 열심을 품고 주를 섬기라"고 하였다(롬 12:11). 지혜자 솔로몬은 "게으른 자여 개미에게 가서 그 하는 것을 보고 지혜를 얻으라"고 권유하였다(잠 6:16).

둘째, 규칙적인 생활을 하여야 한다. 동일한 시간을 가지고도 규칙적인 생활을 하는 사람은 더 많은 일을 할 수 있다. 무슨 일이든지 능률적으로 하기 위해서는 규칙적인 생활을 하여야 한다.

셋째, 매사에 정신 집중을 하여야 한다. 맑은 정신으로 정신을 집중하여 짧은 시간 공부하는 것이 흐릿한 정신으로 밤새워 공부하는 것보다 효과적이다. 정신일도 하사불성(精神一到 何事不成)이란 말도 바로 이것을 교훈한다.

넷째, 부스러기 시간을 잘 활용해야 한다. 출퇴근 시간, 화장실에 가는 시간, 쓸데없이 낭비하는 시간 등을 잘 활용하면 큰 유익을 얻을 수 있음을 깨달아야 할 필요가 있다. 이러한 시간들을 선용하여 성경 구절을 암송하거나 영어 단어 및 숙어를 외운다거나 말씀을 묵상하면 좋다. 고대 그리스의 최대 자연과학자 아르키메데스는 목욕탕에서 목욕을 하다가 아르키메데스의 원리를 발견하였다고 한다. 무의미하게 흘려버릴 수 있는 시간에 성경을 묵상한다거나 필요한 업무를 계획하는 일로 선용하라.

시간의 제한성

수만 년의 역사 흐름 속에서 우리의 생애는 너무도 짧은 한순간에 지나지 않는다. 그래서 시편 기자는 "우리의 연수가 칠십이요 강건하면 팔십이라도 그 연수의 자랑은 수고와 슬픔뿐이요 신속히 가니 우리가 날아가나이다"라고 고백하였다(시 90:10).

인간은 천년 만년 살 수 있는 존재가 아니다. 인간의 수명은 유한하다. 그런데 시간은 쉬지 않고 흘러간다. 시간이 달리는 거리에는 정지 신호등이 없다. 쌀독의 쌀은 퍼내야 없어지지만 시간은 퍼내지 않아도 저절로 없어진다. 잃었던 돈은 다시 찾을 수 있으나 한 번 잃어버린 시간은 되찾을 길이 없다.

시간의 귀중함은 그것의 제한성 때문이다. 시간이란 이 세상에서 가장 귀중한 것이다. 당신의 생명을 사랑하는가? 그렇다면 시간을 소중히 여겨라. 시간이 곧 당신의 생명이다.

이 제한된 시간이 끝나면 모든 사람들은 선악간에 자기가 행한 바에 따라서 심판을 받게 된다. 히브리서 저자는 "한 번 죽는 것은 사람에게 정하신 것이요 그 후에는 심판이 있으리니"(히 9:27)라고 하였다.

시간이 화살보다 빠르다고 말하는 것은 시간의 제한성 때문이다. 우리의 시조 가운데 이런 것이 있다.

한 손에 막대 잡고 또 한 손에 가시 쥐고
늙는 길 가시로 막고 오는 백발 막대로 치려했더니
백발이 제 먼저 알고 지름길로 오더라.

아침에 피었다가 저녁에 지는 풀의 생명처럼, 잠깐 보이다가 없어지는 안개처럼 인생은 그렇게 속히 지나가는 것이다. 또한 옛날의 한 시에 이런 내용이 있다.

"사람이 살면 얼마나 사노? 흔히 말하기를 70이라고 한다. 그러나 70년 중에 늙어서, 어려서, 병들어서 일하지 못할 때가 있으니 이런 것들을 제하면 40년밖에 더 되느냐? 40년이라지만 일하는 낮과 일 못하는 밤이 있으니 낮과 밤을 나누면 20년밖에 더 되느냐? 인생이 70의 수를 누린다고 하여도 일할 수 있는 20년뿐이니 이제 그 남은 시간을 선용하여라."

우리에게 시간은 한없이 긴 것이 아니고 극히 짧다. 그리고 우리에게 주어진 시간이 언제 끝날지 아는 사람이 없다. 그러므로 우리는 매일 당하는 그날을 우리 일생의 마지막 날과 같이 여겨야 한다. 흐르는 강물에서는 발을 두 번 같은 곳에 담글 수 없다. 우리는 오직 한 번 이 세상을 지나갈 뿐이다. 그러므로 우리는 지나가는 동안에 친절을 베풀 일이나 누구를 도와줄 일이 있으면 그것을 연기하지 말고 또한 등한시하지도 말고 즉시 행해야 한다. 왜냐하면 우리는 그 길을 다시 통과할 수 없기 때문이다.

2. 시간을 선용하라

청지기는 자기의 시간을 어떻게 하나님께서 기뻐하실 일에 사용할 것인가를 생각해야 한다.

새뮤얼 스마일즈는 『스스로 도우라』는 책에서 사람이 가진 시간과 재능을 어떻게 사용할 것이며 또 주어진 기회를 어떻게 포착할 것인가 하는 문제를 다루면서, 인생을 성공한 유명한 인사들은 시간의 1분 1초를 아껴서 사용했다는 것과 주어진 기회를 놓치지 않고 꽉 붙잡았다는 점을 지적하였다. 인생의 승패는 이와 같이 시간과의 싸움에서 승리하느냐에 따라서 좌우되는 것이다. 그러면 우리는 시간을 어떻게 사용할 것인가?

경건의 시간

일하는 것이 먼저인가 아니면 쉬는 것이 먼저인가? 하나님께 예배하며 안식하는 주일이 먼저인가 아니면 노동하고 수고하는 월요일이 먼저인가?

우리가 늘 접하는 달력에는 분명히 주일(일요일)이 가장 앞에 나와 있다. 월요일에서 시작하여 일요일에서 끝나는 것이 아니라 한 주간은 주일(일요일)에서 시작되어 토요일에서 끝난다. 이러한 사실은 달력에서만 그렇게 말하는 것이 아니고 창세기의 기록도 그렇게 되어야 함을 가르쳐준다.

하나님께서 천지 만물을 만드실 때 제일 마지막 날에 아담을 만드셨다. 따라서 아담과 하와가 처음으로 맞이한 날은 월요일이 아니라 안식일이었다. 그들은 안식일에 주님을 찬양하고 휴식을 먼저 취한 후에 한 주간의 일을 해나갔던 것이다. 인간의 삶의 전형을 보여주는 아담과 하와가 먼저 쉬고 나중에 일하였다면 우리도 그 모델을 따르는 것이 바람직할 것이다. 그런 의미에서 먼저 경건의 시간을 어떻게 보낼 것인가를 살펴보자.

1) 주일을 이렇게 지내라

주일은 하나님께서 인간에게 복 주시기 위해, 평일과는 달리 특별히 창조한 복 되고 거룩한 날이다. 하나님이 주신 이날의 주된 목적은 예배, 휴식, 봉사다.

우리는 이날을 문자적인 계명 준수에 얽매여 부담스럽게 보낼 것이 아니라 주일의 정신을 바로 깨달아 하나님께서 주신 복을 누리며 지내야 할 것이다. 엄밀히 말해서 우리는 100퍼센트 완전하게 주일을 지킬 수 없다. 그러므로 중요한 것은 얼마만큼 주일 성수를 위해 힘쓰는가 하는 것이다. 그리고 주일 성수를 자기 기준으로 생각하거나 그날에 남을 정죄하거나 판단하는 것은 금물이다.

칼빈은 주일 성수에 관하여 세 가지 중요한 교훈을 말하였다.

첫째, 노동으로부터 휴식하는 일이다.

둘째, 말씀과 의식으로 하나님의 일을 묵상해야 한다.

셋째, 영적인 안식의 약속으로서의 계명이므로 잘 지켜야 한다.

그러면 성경적인 주일의 의미는 무엇인가?

주일은 하나님의 천지 창조를 기념하는 날이다(창 2:3).

주일은 이스라엘 백성의 출애굽 역사를 기념하는 날이다(출 19:5~6).

주일은 예수 그리스도의 부활을 기념하는 날이다.

주이트(Paul K. Jewett)는 그리스도인으로서 주일을 지키는 자세를 크게 네 가지로 제시하고 있다.

첫째, 자신의 일을 의지하는 신뢰감을 모두 부인하고 죄과와 죄의 권세에서 해방받고 하나님만 의지하는 믿음을 가진 자만이 그날을 올바르게 지키는 자이다. 믿음이 없는 성례나 믿음이 없는 주일은 존재할 수 없다. 이처럼 주일의 안식은 영혼의 안식 즉 영적 체험이다.

둘째, 이날은 하나님의 백성과 함께 모이는 데서 그 실질적인 표현을 발견하게 된다.

셋째, 기쁨으로 이날을 지키는 자만이 올바르게 주일을 지키는 자이다. 주일의 안식은 축제일에 속하는 날의 즐거운 안식이다. 그것은 제자들이 '주께서 살아나셨다'는 것을 확신하게 되었을 때 가졌던 본래의 기쁨으로 돌아가는 기쁨이다.

넷째, 그날이 특별히 주님께 속한 것을 인정하는 자만이 그날을 올바르게 지킨다. 주일을 거룩하게 하고 성별케 한 이는 주님이시다. 이것은 초대 교회 신자들이 그날을 처음으로 주의 날이라고 부르게 되었을 때부터 인정되었던 진리다. 그리스도인들이 한 날을 주의 날 곧 주일이라고 불렀을 때 이것은 하나님을 한 날에 다 고정시킨 것이 아니라 하나님이 우리의 모든 날의 주가 되심을 고백하는 것이다. 모든 날이 청지기의 삶을 위한 날이며 그리스도인은 일주일 모두를 그 주

첫날의 기쁨 속에서 살 수 있는 것이다.

여기에 덧붙여 반드시 지적해야 할 사항은 주일 성수를 위해서 그리스도인들은 엿새 동안 누구보다도 힘써 열심히 일해야 할 것을 잊어서는 안 된다는 사실이다. 충실하게 산 엿새가 있어야 경건하고 은혜로운 주일이 있으며 또한 은혜받은 주일이 있어야 엿새 동안 믿음으로 일할 수 있는 힘을 얻게 되는 것이다.

2) 주님과 나만의 시간

유대인들에게는 하루에 세 번씩 일정하게 기도하는 관습이 있었다(시 55:17, 단 6:10), 예수님은 중요한 문제가 있을 때마다 기도하셨을 뿐만 아니라 새벽에 한적한 곳으로 가서 기도하는 습관을 지니고 계셨다(막 1:35). 오늘 우리에게도 이와 같은 생활이 필요하다.

마귀가 우는 사자처럼 삼킬 자를 두루 찾고 있는 이때에 그리스도인들은 영적으로 든든히 무장해야 할 필요가 있다. 영적인 무장 중에서 가장 중요한 두 요소는 하나님의 말씀인 성경을 읽는 일과 기도하는 일이다.

그러면 먼저 기도에 관하여 생각해보자. 우리가 효과 있고 유익한 기도를 드리려면 다음의 아홉 단계를 밟는 것이 좋을 것이다.

먼저 기도를 하기 전에 다음의 세 단계를 밟아라.

첫째, 당신이 바라는 것이 무엇인지 분명히 정하라. 기도에서 무엇을 구할 것인지 그 계획을 마음속에 분명히 하라.

둘째, 당신이 바라는 것이 과연 옳은 것인지 아닌지 판단하라. 당신 자신에게 이런 질문을 해보라. 이것은 관계가 있는 모든 사람에게도 공평한 요구인가? 성경과 조화되는가?

셋째, 그것을 종이 위에 써보라. 우리의 요청을 기록하면, 생각이 더욱 분명해지고 또한 더욱 기도하고픈 마음이 생겨난다.

그리고 기도 중에 취할 세 단계가 있다.

첫째, 맑은 정신을 가져라. 잔잔하지 않은 바다 위에서는 달이 온전하게 반사되지 못하듯이 흔들림이 없고 맑은 정신을 소유하지 못하면 하나님을 경험할 수 없다. "너희는 가만히 있어 내가 하나님 됨을 알지어다"(시 46:10). 이 시점에서 기도자의 마음이 분산되지 않도록 주위 환경을 고요하게 바꾸고 정신을 집중해야 한다.

둘째, 하나님께가 아니라 하나님과 더불어 말하라. '주의 종이 말하겠으니, 주여 들으소서'라는 자세보다는 사무엘처럼 '주의 종이 듣겠사오니 말씀하옵소서'라는 자세를 지녀야 한다. 기도는 독백이 아니라 대화다. 기도는 말하는 것과 동시에 듣는 것이다.

셋째, 당신 자신의 기도에 답하여 무엇을 하겠다고 하나님께 약속하라. 하나님은 당신을 위해서가 아니라 당신과 더불어 기도에 응답하신다. 예수님께서는 도움을 받을 사람에게 해야 할 무엇인가를 주시면서 많은 기적을 행하신다. 기도를 하면서 당신 자신이 해야 하고 또한 할 수 있는 일이 무엇인지를 찾아보라.

다음으로 기도 후에 해야 할 세 단계를 말해보자.

첫째, 기도의 응답에 대하여 확신을 가져라. 벌써 응답되었다고 하는 확신 아래 주께 감사하라. "그를 향하여 우리가 가진 바 담대함이 이것이니 그의 뜻대로 무엇을 구하면 들으심이라 우리가 무엇이든지 구하는 바를 들으시는 줄을 안즉 우리가 그에게 구한 그것을 얻은 줄을 또한 아느니라"(요일 5:14~15).

둘째, 하나님의 응답이 어떤 것이든지 간에 기꺼이 받아라. 하나님의 응답은 여러 가지일 수가 있다. 구한 그대로 응답되는 형태, 그것이 나중에 응답되는 형태, 다른 모습으로 응답되는 형태, 들어주지 않음으로써 더 유익한 결과를 낳는 형태 등 다양하기 때문에 반드시 나의 생각대로 응답되어야만 한다고 기대하지 말라.

셋째, 이웃에게 사랑을 베풀어라. 성령의 은사 가운데 최상의 것은 사랑이다. 기도의 최고 목적은 내가 하나님의 사랑에 사로잡힌 사람이 되는 것이다. 우리가 하나님의 사랑을 나타낼 때 우리는 하나님으로 하여금 우리의 기도를 더 낫게 응답하실 수 있도록 만드는 것이다.

여기서 잠시 토레이(R. A. Torrey)가 제시하는 기도의 방해 요소 일곱 가지를 열거해보자.

첫째, 생활 속에서 저지르는 죄가 기도를 방해한다(사 59:1~2).

둘째, 이기적인 기도는 방해를 받는다(약 4:3).

셋째, 마음속의 우상은 기도를 방해한다(겔 14:3).

넷째, 인색한 삶은 기도를 방해한다(잠 21:13).

다섯째, 용서하지 못하는 마음은 기도의 방해 요소다(막 11:25).

여섯째, 가정의 불화는 기도를 방해한다(벧전 3:7).

일곱째, 의심하는 것은 기도의 방해 요소이다(약 1:6~7).

우리는 기도와 아울러 성경을 읽어야 한다. 매일 성경을 읽으면 영적 성장에 크게 도움이 된다. 영적인 싸움에서 가장 강력한 무기는 성경이다. 그래서 성령님께서는 성경을 칼로 사용하신다(엡 6:17). 성경을 읽으면 우리의 믿음이 부쩍부쩍 자라난다. 성경은 영혼의 만나(떡)다. 무디(D. L. Moody)는 이런 고백을 한 적이 있다.

"나는 믿음을 달라고 기도했다. 그리고 어느 날엔가 믿음은 내게로 날아와서 번개 치듯이 내 속에 충만해질 것이라고 생각하였다. 그러나 믿음은 오지 않았다. 어느 날 로마서 10장을 읽다가 '믿음은 들음에서 나며 들음은 그리스도의 말씀으로 말미암았느니라'는 구절을 보았다. 나는 성경을 덮은 채로 믿음을 달라고 했던 것이다. 그 후 나는 성경을 펴고 공부하기 시작했고 그때부터 나의 믿음은 줄곧 성장하였다."

우리가 성경을 나의 피와 살로 삼는 방법에는 여러 가지가 있다. 읽기, 듣기, 쓰기, 암송, 묵상 등이 그것이다. 이러한 여러 방법 중에서 어느 하나를 선택하여 그것에만 매달릴 것이 아니라 여러 가지를 다양하게 활용하여 공부하는 것이 좋다. 성경 공부를 하는 가장 나쁜 방법은 지금까지 당신이 계속 해오고 있는 바로 그 방법이다. 다양하게 공부하는 방법이 최상의 방법이다. 그런데 어느 방법으로 공부하든지 간에 묵상은 반드시 곁들여야 한다. 하나님의 말씀을 깊이 묵상하고 사색함이 없이 성경을 대하는 것은 별로 유익하지 않다.

훌륭한 청지기는 자신의 영적 성장과 싸움을 위하여 기도와 말씀으로 무장한다. 영적인 문제를 위하여 시간을 할애하지 않는다면 좋은 청지기가 될 수 없다.

노동 시간

청지기는 하나님의 뜻을 받들어 인류와 세계를 위해 일할 책임이 있다. 인간은 '땅을 정복하고 다스리는 일'을 맡았다(창 1:28). 인간이 갖는 자연과 사회에 대한 관계는 노동으로 나타나며 이 노동의 종류를 직업이라고 한다. 인류의 타락 후 하나님께서는 '네가 얼굴에 땀을 흘려야 식물을 먹겠다'고 하셨으니(창 3:19) 인간에게 직업은 불가결

한 것이다.

바울은 "일하기 싫어하거든 먹지도 말게 하라"(살후 3:10), "너희 손으로 일하기를 힘쓰라"(살전 4:11), "조용히 일하여 자기 양식을 먹으라"(살후 3:12)고 하였다.

또한 잠언 저자는 "손을 게으르게 놀리는 자는 가난하게 되고"(잠 10:4), "부지런한 자의 손은 사람을 다스리게 되"(잠 12:24)고, "잠자기를 즐겨하는 자는 헤어진 옷을 입을 것임이니라"(잠 23:21)고 하였다.

노동은 본래 신성한 것이며 즐겁고 아름다운 것이다. 인류가 타락하기 전에는 사람들이 노동에서 소외되는 일이 없었다. 그러나 타락 후 인간에게 노동은 무거운 멍에로 변해버렸고 하기 싫은 일로 바뀌어버렸다. 여자는 해산할 때 고통을 받게 되었고, 땀이 엉겅퀴와 가시덤불을 냄으로써 종신토록 수고하여야 실과를 얻을 수 있게 되었다(창 3:16~19). 그러나 하나님께서는 노동 자체를 폐지시키거나 무의미한 것으로 바꾸지 않으셨다. 오늘날도 우리는 노동을 통해서 어느 정도의 기쁨을 누릴 수 있고 보람을 가질 수 있다. 노동은 결코 부끄러운 일이나 수치가 아니다. 오직 죄가 그럴 뿐이다.

오히려 우리는 노동을 통하여 하나님의 뜻을 이 땅에 구현시키는 일에 동참할 수 있다. 학생은 학교에서 열심히 공부함으로써, 사회인은 자기가 속해 있는 직업에 충실함으로써 하나님의 창조 질서를 계승 · 발전시켜야 한다. 하나님의 영광을 위하여 문화를 발전시키고, 이웃의 유익을 위하여 문명을 개발해나가야 한다. 직업을 위해서는 시간을 선용하는 자가 선한 청지기이다.

삶의 우선순위

제한된 시간을 효율적으로 보내는 일은 누구에게나 중요한 문제다. 바울은 "세월을 아끼라 때가 악하니라"(엡 5:15)고 하였다. 여기서 세월을 아끼라는 말의 원뜻은 '시간을 구원하라'(Redeem the time, KJV)는 것이다. 시간을 그냥 헛되이 흘려보내지 말고 시간을 잘 사용하라는 교훈이다.

시간을 효율적으로 사용하려면 일의 우선순위를 정하여 가장 중요한 일부터 먼저 해나가는 것이 좋다.

일의 우선순위(priority)란 일의 경중을 따져서 그 중요도에 따라서 일을 피라미드식으로 분류하는 것이다. 세상에는 중요한 일과 급한 일이 뒤섞여 있다. 그런데 사람들은 그 둘 중에 급한 일을 먼저 하는 습성이 있다. 언제나 급한 일만을 먼저 하다가 정작 중요한 일을 하지 못하고 놓치는 경우가 많다.

그렇기 때문에 우리는 일의 우선순위를 정해서 일을 처리해야 하는 것이다. 일단 중요한 일을 먼저 해놓고 나머지 일들을 하면, 비록 시간이 없어서 일을 다 못 끝낸다손 치더라도 그 일들은 부스러기 일들이기 때문에 다음 기회에 하면 된다. 부스러기 일부터 하다가 정작 중요한 일을 놓쳐서는 안 된다.

그러므로 우리는 늘 중요한 일과 그렇지 않은 일, 꼭 해야 할 일과 안 해도 그만인 일을 구별하여 선택할 줄 알아야 한다. 우리는 태어나서 죽는 날까지 계속하여 선택하는 삶을 살아간다. 좋은 선택을 할 줄 아는 자가 인생의 경주에서 승리를 거둘 수 있다.

예수님께서는 삶의 우선순위에 관하여 뚜렷한 원칙을 우리에게 가르쳐주셨다. "너희는 먼저 그의 나라와 그의 의를 구하라 그리하면 이 모든 것을 너희에게 더하시리라"(마 6:33). 우리는 이방인들처럼 무엇을 먹을까 무엇을 마실까 무엇을 입을까 걱정하지 말아야 한다.

현대 사회가 다양하고 복잡해짐에 따라 선택의 기회와 중요성이 심각해졌다. 상품, 학교, 직장, 배우자, 종교 등 여러 가지 선택이 우리 앞에 놓여 있다. 어떤 사람은 좋은 선택을 하여 인생에서 승리하며, 또 어떤 이는 그릇된 선택으로 인하여 실패하기도 한다. 그런 의미에서 좋은 선택은 제2의 창조와 같다.

그리스도인들이 우선순위에 따라서 생활하기 위하여 지침으로 삼을 수 있는 몇 가지 선택의 기준을 제시하면 다음과 같다.

첫째, 세상의 것보다는 하나님의 사업을 중요시하여 선택하라.

데마는 주님의 선교 사역에 동참하기보다는 이 세상을 더 사랑하여 고향으로 돌아갔다(딤후 4:10). 그러나 모세는 "바로의 공주의 아들이라 칭함 받기를 거절하고 도리어 하나님의 백성과 함께 고난받기를 잠시 죄악의 낙을 누리는 것보다 더 좋아하고 그리스도를 위하여 받는 수모를 애굽의 모든 보화보다 더 큰 재물로 여겼으니 이는 상 주심을 바라봄이라"(히 11:24~26).

둘째, 외모보다는 내용을 보고 선택하라. 사람은 외모를 보고 모든 것을 판단하려는 경향이 있으나 여호와께서는 중심을 보신다고 하였다(삼상 16:7).

셋째, 물질적인 것보다는 영적인 것을 귀하게 여겨라. 먹고 마실 것보다는 하나님의 나라와 그의 의를 먼저 구하라.

넷째, 개인의 이익보다는 공익을 먼저 생각하라. 안중근 의사는 "견리사의 견위수명(見利思義 見危授命)"이라는 말을 남겼으며 또한 그렇게 산 사람이었다. 그는 이익을 보고 의를 생각했으며 조국의 위기를 보고 목숨을 바쳤다.

다섯째, 현재성보다는 장래성을 보고 선택하라. 보이는 것은 잠깐이나 보이지 않는 것은 영원하다. 현재 당할 고난을 두려워하지 말라. 현재의 고난은 장차 올 영광과 족히 비교할 수 없다(롬 8:18).

제5장

재능의 청지기

예수님의 비유 가운데 달란트 비유가 있다(마 25:14~30). 어떤 주인이 먼 나라에 가면서 청지기들에게 각각 그 재능대로 달란트를 맡겨서 주인이 돌아올 때까지 사업을 하라고 위탁하였다는 것이다. 그것은 곧 우리의 재능에 관한 청지기 사명을 교훈하는 것이다.

달란트란 화폐라는 뜻도 있으나 재능의 뜻으로 쓰이는 말이다. 그리스도인들은 하나님의 청지기로 달란트를 받은 자다. 달란트를 주신 목적은 장사해서 이익을 남기듯이 잘 활용하라는 뜻이다.

1. 하나님께 받은 재능

사람은 누구나 하나님께 받은 재능이 있다(고전 4:7). "온갖 좋은 은사와 온전한 선물이 다 위로부터 빛들의 아버지께로부터 내려오나니 그는 변함도 없으시고 회전하는 그림자도 없으시니라"(약 1:17).

재능 없는 사람은 없다

사람들 사이에 재능의 차이는 있으나 재능이 없는 사람은 없다. 그러므로 남들이 나와 같은 재능을 소유하지 못했다고 해서 무시하거나, 자신의 재능을 과대평가하여 우월감에 빠져서는 안 된다.

재능은 크게 두 가지로 분류된다. 태어날 때부터 가지고 나온 선천적인 재능과 성령을 통하여 특별히 받은 후천적인 재능이다. 선천적 재능은 자연적인 은사이며 성령을 통한 재능은 영적 은사이다.

1) 자연적 은사

자연적 은사는 타고난 재능을 이른다. 어떤 사람은 노래를 잘하고, 어떤 사람은 운동 신경이 발달되어 있다. 어떤 이는 눈썰미가 뛰어나 그림을 잘 그리고, 어떤 이는 암기력이 좋아서 여러 외국어에 능통하다. 그리하여 사람들은 저마다 다른 방면에서 곧 어떤 이는 노동자로, 어떤 이는 농부로, 어떤 이는 학자로, 어떤 이는 기술자로 일하게 되는 것이다.

사람이 어떤 재능을 가졌든지 간에 그것은 다 하나님께서 주신 은사이다. 굳이 방언이나 예언과 같은 특별한 은사만이 성령께서 주시는 것은 아니다.

그러므로 우리는 영적 은사를 달라고 구하기 전에 하나님께서 이미 주신 은사, 곧 날 때부터 받은 은사를 계발하고 활용하는 것이 중요하다. 직업을 선택할 때에도 자연적 은사에 따라서 결정을 내려야 한다. 세상 사람들의 인기 직종을 좇아서 직업을 선택하는 것은 바람직하지 않다.

2) 영적 은사

태어날 때 받은 은사는 아니지만 성령님께서 교회의 유익을 위하여 특별히 주시는 은사가 있다. 이 은사에는 여러 종류가 있으나 같은 성령께서 주시는 것이다. 바울은 성령의 특별 은사에 관하여 이렇게 가르치고 있다.

"은사는 여러 가지나 성령은 같고 직분은 여러 가지나 주는 같으며 또 사역은 여러 가지나 모든 것을 모든 사람 가운데서 이루시는 하나님은 같으니 각 사람에게 성령을 나타내심은 유익하게 하려 하심이라 어떤 사람에게는 성령으로 말미암아 지혜의 말씀을, 어떤 사람에게는 같은 성령을 따라 지식의 말씀을, 다른 사람에게는 같은 성령으로 믿음을, 어떤 사람에게는 한 성령으로 병 고치는 은사를, 어떤 사람에게는 능력 행함을, 어떤 사람에게는 예언함을, 어떤 사람에게는 영들 분별함을, 다른 사람에게는 각종 방언 말함을, 어떤 사람에게는 방언들 통역함을 주시나니 이 모든 일은 같은 한 성령이 행하사 그의 뜻대로 각 사람에게 나누어주시는 것이니라"(고전 12:4~11).

또한 은사의 선용법에 관하여 이렇게 교훈하고 있다.

"우리에게 주신 은혜대로 받은 은사가 각각 다르니 혹 예언이면 믿음의 분수대로, 혹 섬기는 일이면 섬기는 일로, 혹 가르치는 자면 가르치는 일로, 혹 위로하는 자면 위로하는 일로, 구제하는 자는 성실함으로, 다스리는 자는 부지런함으로, 긍휼을 베푸는 자는 즐거움으로 할 것이니라"(롬 12:6~8).

이상에서 보듯이 우리가 성령의 은사를 받는 것도 중요하나 어떻게 사용하느냐 하는 문제는 더욱 중요하다. 은사를 잘못 사용하면 오히려 은사를 받지 않은 것보다 못한 결과를 낳는다. 그리고 성경이 분명히 가르치는 바는 성령의 은사 중에서 최고의 것은 사랑이라는 것이다. 사랑은 모든 은사 중의 으뜸인 동시에 은사를 사용하는 방도이기도 하다. 그러므로 우리는 모든 은사 중에서 특별히 사랑의 은사를 받으려고 노력해야 한다.

"너희는 더욱 큰 은사를 사모하라 내가 또한 가장 좋은 길을 너희에게 보이리라 내가 사람의 방언과 천사의 말을 할지라도 사랑이 없으면 소리 나는 구리와 울리는 꽹과리가 되고 내가 예언하는 능력이 있어 모든 비밀과 모든 지식을 알고 또 산을 옮길 만한 모든 믿음이 있을지라도 사랑이 없으면 내가 아무것도 아니요 내가 내게 있는 모든 것으로 구제하고 또 내 몸을 불사르게 내줄지라도 사랑이 없으면 내게 아무 유익이 없느니라 사랑은 오래 참고 사랑은 온유하며 시기하지 아니하며 사랑은 자랑하지 아니하며 교만하지 아니하며 무례히 행하지 아니하며 자기의 유익을 구하지 아니하며 성내지 아니하며 악한 것을 생각하지 아니하며 불의를 기뻐하지 아니하며 진리와 함께 기뻐하고 모든 것을 참으며 모든 것을 믿으며 모든 것을 바라며 모든 것을 견디느니라"(고전 12:31~13:7).

바울이 은사에 관하여 가르친 바를 정리하면 다음과 같다.

첫째, 모든 은사는 하나님께로부터 온 것이다.

둘째, 은사에는 여러 종류가 있다.

셋째, 최고의 은사는 사랑이다.

넷째, 은사는 일반의 유익을 위하여 사용해야 한다.

재능은 봉사를 위한 것이다

얼마나 훌륭한 재능을 소유하였는가가 중요한 것이 아니라 그 재능을 어떻게 사용하고 있느냐가 중요한 것이다. 하나님께서는 우리를 선악간에 심판하실 때에 우리의 받은 바 은사와 재능이 무엇이었는가를 묻지 않으시고 그것들을 어떻게 사용하였는가를 물으신다. 우리가 하나님께 받은 재능은 각각 다르나 기회는 같다. 그 받은 은사는 틀리나 그 은사에 대한 책임은 동일한 것이다.

하나님께서는 "그가 어떤 사람은 사도로, 어떤 사람은 선지자로, 어떤 사람은 복음 전하는 자로, 어떤 사람은 목사와 교사로 삼으셨으니 이는 성도를 온전하게 하여 봉사의 일을 하게 하며 그리스도의 몸을 세우려 하심이라"(엡 4:11~12).

인간이 지니고 있는 재능이 어떤 것이든지 간에 그것을 하나님의 나라와 그의 의를 위하여 봉사하는 정신으로 사용해야 한다. 재주가 있으면 그 재주로, 좋은 목소리를 가졌으면 그 목소리로, 지식이 있으면 지식으로, 기술이 있으면 기술로, 병 고치는 능력이 있으면 그 능력으로, 악기를 연주할 줄 알면 그 능력으로 하나님과 교회와 이웃을 섬기는 일을 위해서 써야 한다.

만일 그 재능을 가지고 자기만 위해서 쓰고 자기 가족이나 세상일만을 위하여 사용하면 주의 심판대 앞에서 슬피 울며 후회할 날이 올 것이다(마 25:30).

2. 재능을 효과적으로 사용하는 방법

오늘날 교회가 은사를 너무 지나치게 좁게 해석하는 경향이 있다. 교회가 필요로 하는 은사를 방언, 신유(병 고치는 은사) 또는 예언 등에 국한시켜 생각하는 것 같다.

노동자와 기술자도 하나님이 주신 특별한 은사를 받은 자로 인식해야 하지만, 교회 지도자는 그들을 무시하고 단순히 교인 숫자를 채워주는 자로 인식하고 있다. 이러한 인식을 갖고 있으면 신자 개인의 은사가 사장당하여 손해일 뿐 아니라 교회가 평신도들이 지니고 있는 영적 은사라고 하는 자원을 활용하지 못함으로써 부흥하기 어렵다. 그러면 평신도들의 은사를 어떻게 계발하고 활용할 것인지를 생각해보자.

재능의 계발

사람은 누구나 한 가지 이상의 재능을 소유하고 있다. 동시에 사람마다 그 재능들이 각각 다르다. 인생에서 성공하는 길은 자기의 재능을 계발하여 활용하는 데 있다. 자기의 소질을 살려야 온전한 자아실현이 가능해진다.

자기의 재능과 소질을 갈고닦기보다는 세상 사람들에게 인기 있는 직업을 얻기 위하여 다른 것들을 추구하다 보면 언제나 남의 뒤만 따라다닐 수밖에 없다. 자기의 적성과 취향에 맞지 않는 일을 하기 때문에 쉽게 싫증이 나고 남보다 뒤지기 마련이다. 그러나 자기의 재질을 살리는 직업을 택하면 적성과 취향에 맞기 때문에 일에 기쁨과 보람이 있을 뿐 아니라 그 분야에서 성공하게 된다.

그러므로 남들과 같은 재능을 가지지 못한 것을 비관하거나 슬퍼할 것이 아니라 자기의 재능(비록 그것이 작고 보잘것없는 것일지라도)을 발견하고 활용하려고 애써야 한다.

각자의 재능에 충실하라

모든 은사는 다르지만 똑같이 필요하고 귀중하다. 은사는 공동체 전체의 유익을 위한 것이다. 그러므로 각각의 은사들은 서로 성령 안에서 하나로 결합될 때 큰 유익이 된다.

사도 바울은 작고 보잘것없어 보이는 은사들도 소중한 것임을 유기체에 비유하여 다음처럼 말하였다. "몸은 하나인데 많은 지체가 있고 몸의 지체가 많으나 한 몸임과 같이 그리스도도 그러하니라… 몸은 한 지체뿐만 아니요 여럿이니 만일 발이 이르되 나는 손이 아니니 몸에 붙지 아니하였다 할지라도 이로써 몸에 붙지 아니한 것이 아니요 또 귀가 이르되 나는 눈이 아니니 몸에 붙지 아니하였다 할지라도 이로써 몸에 붙지 아니한 것이 아니니 만일 온몸이 눈이면 듣는 곳은 어디며 온몸이 듣는 곳이면 냄새 맡는 곳은 어디냐 그러나 이제 하나님이 그 원하시는 대로 지체를 각각 몸에 두셨으니 만일 다 한 지체뿐이면 몸은 어디냐 이제 지체는 많으나 몸은 하나라 눈이 손더러 내가 너를 쓸 데가 없다 하거나 또한 머리가 발더러 내가 너를 쓸 데가 없다 하지 못하리라 그뿐 아니라 더 약하게 보이는 몸의 지체가 도리어 요긴하고 우리가 몸의 덜 귀히 여기는 그것들을 더욱 귀한 것들로 입혀주며 우리의 아름답지 못한 지체는 더욱 아름다운 것을 얻느니라 그런즉 우리의 아름다운 지체는 그럴 필요가 없느니라 오직 하나님이 몸을 고르게 하여 부족한 지체에게 귀중함을 더하사 몸 가운데서 분쟁이 없고 오직 여러 지체가 서로 같이 돌보게 하셨느니라 만일 한 지체가 고통을 받으면 모든 지체가 함께 고통을 받고 한 지체가 영광을 얻으면 모든 지체가 함께 즐거워하느니라 너희는 그리스도의 몸이요 지체의 각 부분이라"(고전 12:12~27).

모든 은사는 이와 같이 공동체 전체의 이익을 위하여 사용되어야 한다. 봉사의 정신을 상실한 은사는 무의미하고 개인의 욕심을 채우기 위한 재능은 무가치한 것이다.

임택진 목사는 여러 가지 재능이 있는 교인들이 모이는 교회를 여러 가지 꽃이 피는 에덴 동산과 같다고 비유하였다. 죄가 들어오기 전에 에덴 동산은 아름다운 동산이었다. 작은 꽃, 큰 꽃, 붉은 꽃, 노란 꽃이 피는 향기도 가지각색, 모양도 가지각색으로 하나님 보시기에 아름다웠다.

큰 꽃이 크게 피나, 작은 꽃이 작게 피나, 붉은 꽃이 붉게 피나, 흰 꽃이 희게 피나 그것이 문제가 아니었다. 전체가 어울려서 하나의 아름다운 꽃동산을 이루었다. 이와 같이 하나님께서 나에게 어떤 종류의 은사를 주셨든지 그 은사대로 아름다운 꽃을 피우면 된다. 하나님의 은사대로 믿음의 꽃을 피워 사막 같은 이 강산에 하늘의 아름다움과 그리스도의 향기로써 채울 수 있으면 만족하다.

왜 붉은 꽃이 피느냐 할 것도 없고, 노란 꽃이 아니냐고 시비할 것도 없다. 내가 작은 꽃이면 작은 꽃 노릇만 잘하면 되고, 어떤 은사를 받았든지 감사함으로 봉사하면 된다고 하였다.

내가 그리스도의 지체요, 몸 된 교회의 한 구성원이라면 나의 처지와 형편에 따라 은사를 계발하여 그리스도의 영광을 위하여 사용하여야 한다. 자기 위치를 지키고 그 자리에서 최선을 다하는 충성스런 청지기가 되어야 한다.

특별한 은사는 성령께서 자신의 선택에 의하여 주권적으로 주시는 것이니만큼, 그것을 받았다고 해서 개인적인 자랑거리로 삼거나 받지 못하였다고 해서 수치스럽게 여겨서는 안 된다.

각양 은사를 받은 청지기들은 다음 사항에 유의해야 한다.

첫째, 서로 도와 전체의 유익을 도모해야 한다. 받은 은사를 가지고 각기 다른 생각으로 제멋대로 행동하면 은사의 본래 목적은 상실되고 만다.

둘째, 남의 은사를 존중해야 한다. 전체의 유익을 위하여 중요하지 않은 은사가 없고, 하나님의 관점에서 볼 때 모든 은사는 다 그 필요에 의하여 주신 것으므로 소중하지 않은 것이 없다. 청지기가 자기가 하는 일만이 중요하다고 생각하는 순간 그 재능의 참 가치는 격감되고 만다.

셋째, 서로 동정해야 한다. 우리 몸의 어느 한 지체가 다치면 몸 전체가 고통을 당하게 된다. 그러므로 서로을 위하여 격려하고 기도해주어야 한다. 남이 잘 되는 것을 배 아파할 것이 아니라 오히려 함께 기뻐할 수 있는 성숙한 신앙이 필요하다.

모든 청지기는 나와 다른 은사를 받은 사람을 돕고 존경하고 동정하는 가운데 통일성을 찾을 수 있다. 각자가 상대방의 결함을 보충하는 것이 곧 자기가 사는 길이요, 다양성 속에서 통일성을 유지해가는 첩경이다. 교회는 이와 같이 다양성 속에 통일성이 있고 통일성 속에 다양성이 있어야 건강하게 성장할 수 있다.

제6장

재물의 청지기

하나님께서 천지 만물을 창조하셨으니 재물의 주인은 하나님이시다. 하나님께서 그 재물을 우리에게 잠시 맡겨주신 것이니, 우리는 청지기로서 그것들을 주의 뜻에 합당하게 사용해야 할 의무가 있다.

여기서는 성도들의 헌금 생활을 중심으로 재물의 청지기직을 살펴보기로 하자.

사도 바울은 "네게 있는 것 중에 받지 아니한 것이 무엇이냐"라고 물었다(고전 4:7). 이 질문은 우리의 소유 중 하나님께 받지 않은 것이 없다는 대답만을 요구한다. 헌금 생활의 기본 원리는 바로 여기에서 시작되어야 한다. 헌금은 하나님의 것을 하나님께 되돌려드리는 일이지, 결코 내 것을 하나님께 바치는 행위가 아니다. 십일조의 경우도 마찬가지다. 모든 소득이 다 하나님의 것인데 그중의 10분의 9를 내가 쓰고 10분의 1만 하나님께 바치는 것이다. 모든 것이 내 것인데 그중 10분의 1을 하나님께 바친다거나, 본래 10분의 1만 하나님의 것이기 때문에 하나님께 돌려드리는 것이라는 생각은 처음부터 잘못된 것이다.

그러면 헌금 생활의 원리와 실제에 관하여 하나씩 살펴보자.

1. 헌금은 왜 해야 하는가?

세상에는 두 가지 어려운 일이 있다. 첫째는 돈을 바르게 버는 일이요, 둘째는 돈을 바르게 사용하는 일이다. 그러면 둘 중에 어느 것이 더 어려운 일일까? 대개 경험상으로 보면 후자가 훨씬 더 어렵다고 한다. 우리 주변에 돈을 번 사람은 수없이 많지만 그 돈을 값지고 보람 있게 사용하는 사람은 별로 보기 어렵다. 돈을 옳게 쓰는 사람은 존경받을 만하다.

그리스도인들이 돈을 바르게 쓰는 일 가운데 중요한 부분을 차지하는 것은 두말할 것 없이 헌금이다. 헌금이란 금(Gold)을 바치는 것 곧 돈을 드리는 것이다. 그리고 헌금과 헌물(Offering)을 합쳐서 연보라고 부른다.

그러면 헌금은 왜 하는가?

첫째, 만물이 주의 것이므로 주께 드리는 것이다. "이는 만물이 주에게서 나오고 주로 말미암고 주에게로 돌아감이라 그에게 영광이 세세에 있을지어다 아멘"(롬 11:36). "은도 내 것이요 금도 내 것이니라"(학 2:8).

둘째, 모든 것을 주께 받았기 때문이다. "네 하나님 여호와를 기억하라 그가 네게 재물 얻을 능력을 주셨음이라"(신 8:18).

셋째, 땅 위에서 이룰 하나님의 일을 위하여 드린다. "이스라엘 자손에게 명령하여 내게 예물을 가져오라 하고 기쁜 마음으로 내는 자가 내게 바치는 모든 것을 너희는 받을지니라"(출 25:2).

넷째, 영적 성숙을 위한 훈련으로써 드린다. 예수님께서는 "주는 것이 받는 것보다 복이 있다"(행 20:35)고 하셨다. 하나님께 자신과 물질을 드리는 생활을 통하여 자신이 영적으로 성숙해가는 것을 느낄 수 있다.

다섯째, 더 큰 축복이 약속되어 있기 때문이다. "만군의 여호와가 이르노라 너희의 온전한 십일조를 창고에 들여 나의 집에 양식이 있게 하고 그것으로 나를 시험하여 내가 하늘 문을 열고 너희에게 복을 쌓을 곳이 없도록 붓지 아니하나 보라"(말 3:10).

이와 같이 헌금은 거래나 투자가 아니다. 그것은 신앙의 본분과 가치의 문제다. 신자가 돈을 잘못 다스리면 돈만 잃는 게 아니라 곧 하나님을 잃어버린다. 신자들이 소유의 개념을 바르게 하지 않고는 올바른 신앙인이 될 수 없는 것이다.

러스킨의 글 가운데 이런 것이 있다. "최근 캘리포니아 선박이 난파했을 때 승객 중 한 사람이었던 광부가 금괴 200파운드를 넣을 띠를 몸에 두른 채 해저에 가라앉아 있는 것이 발견되었다. 그런데 그가 바다 밑에 가라앉을 때에도 그가 금을 가지고 있었다고 말할 수 있을 것인가? 혹은 금이 그를 가지고 있었다고 할 것인가?" 이 글은 소유와 소유주의 한계점이 무엇인지를 생각하게 해준다.

그리스도인들은 모든 소유가 하나님께 위탁받은 하나님의 소유라는 점을 분명히 인식해야 한다. 소유 개념이 불분명한 상태로는 청지기직을 올바로 감당할 수가 없다.

2. 헌금에 대한 주님의 교훈

주님은 산상보훈을 통해서 땅 위에 재물을 쌓아두는 것에 관하여 이렇게 경고하셨다.

"오직 너희를 위하여 보물을 하늘에 쌓아두라 거기는 좀이나 동록이 해하지 못하며 도둑이 구멍을 뚫지도 못하고 도둑질도 못하느니라 네 보물 있는 그곳에는 네 마음도 있느니라"(마 6:20~21).

여기서 '구멍을 뚫는다'는 뜻은, 팔레스틴에 있는 집들의 담은 대개 돌담이거나 구운 진흙 같은 것들로 만들어져 있기 때문에 도적이 얄팍한 흙을 파서 개구멍을 만들고 그리로 들어오는 경우를 설명한 것이다. 세상에 보물을 쌓아두면 도둑맞을 위험이 있다.

그러면 재물을 하늘에 쌓는다는 것은 구체적으로 무엇을 뜻하는 것일까? 그것은 재물을 '하나님의 나라와 그의 의'를 위하여 사용하는 것을 가리킨다(마 6:33). 우리의 재물을 가지고 주의 나라의 확장에 기여하는 데 바치는 것을 의미한다. 헌금과 구제, 사회성의 구현 사업 등에 우리의 소유를 아낌없이 바쳐야 한다.

인간의 생명은 그 소유의 넉넉한 데 있는 것이 아니다. 물질을 탐하고 그 속에 매몰되어버리지 말라고 주님은 이런 비유를 가르쳐주셨다.

"…부자가 … 내 … 영혼아 여러 해 쓸 물건을 많이 쌓아두었으니 평안히 쉬고 먹고 마시고 즐거워하자 하리라 하되 하나님은 이르시되 어리석은 자여 오늘 밤에 네 영혼을 도로 찾으리니 그러면 네 예비한 것이 뉘 것이 되겠느냐 하셨으니 자기를 위하여 재물을 쌓아두고 하나님께 대하여 부요치 못한 자가 이와 같으니라"(눅 12:16~21).

세상의 많은 사람들이 재물의 욕심에 넘어가 수전노처럼 재물만을 모으다가 제대로 한 푼도 못 써보고 세상을 떠나간다. 그래서 다윗 임금도 권고하기를 "재물이 늘어도 거기에 마음을 두지 말지어다"(시 62:10)라고 하였다.

예수님의 십일조관은 마태복음 23장 23절에 잘 나타나 있다. "화 있을진저 외식하는 서기관들과 바리새인들이여 너희가 박하와 회향과 근채의 십일조는 드리되 율법의 더 중한 바 정의와 긍휼과 믿음은 버렸도다 그러나 이것도 행하고 저것도 버리지 말아야 할지니라."

바리새인들은 십일조를 바치는 데 매우 열심이어서 집뜰의 채소밭에서 나는 극히 적은 수입의 십일조까지 바쳤다. 그런데 율법의 더 중요한 요소인 의와 인과 신은 경시하였다. 그들은 내용이 없는 형식주의에 빠져 있었던 것이다. 여기서 예수님은 십일조 제도 자체를 공격한 것이 아니고 율법주의와 종교적 형식주의를 공격한 것이다. 유대교가 이웃에 대한 참된 공의와 하나님께 대한 사랑을 무시하고 단순히 외적 의식을 강조하는 형식주의에 빠진 것을 질책하신 것이다.

그러면 오늘날에도 십일조 제도는 지켜야만 하는가? 십일조 제도는 본래 율법의 의식법 가운데 하나다. 예수 그리스도께서 십자가 상에서 구속을 완성하신 후에 모든 의식법은 폐지되었다. 그렇다면 십일조 제도는 율법적인 강요에 의하여 존속되어서는 안 된다. 다만 자원하는 마음으로 구약 성도들의 십일조 정신을 본받아서 헌금하는 것이 선한 일일 것이다.

오늘날에는 10분의 1이 하나님의 것이라는 점을 강조할 것이 아니라 우리가 지니고 있는 소유의 전부가 하나님의 것이라는 청지기 직분을 강조해야 한다. 이것이 성경적이고 오늘날과 같이 자본주의 모순이 심화된 한국 사회에 적합한 견해다.

3. 잘못된 헌금 자세

헌금을 바칠 때 중요한 것은 액수보다 그 사람의 마음이다. 예수님께서는 헌금의 정신에 관하여 다음과 같이 가르치셨다. 마가복음 12장 41~44절에 보면, "무리가 어떻게 헌금함에 돈 넣는가를 보실새 여러 부자는 많이 넣는데 한 가난한 과부는 와서 두 렙돈 곧 한 고드란트를 넣는지라 예수께서 제자들을 불러다가 이르시되 내가 진실로 너희에게 이르노니 이 가난한 과부는 헌금함에 넣는 모든 사람보다 많이 넣었도다 그들은 다 그 풍족한 중에서 넣었거니와 이 과부는 그 가난한 중에서 자기의 모든 소유 곧 생활비 전부를 넣었느니라"고 되어 있다.

주님은 부자의 많은 연보를 꾸중하지 않으셨다. 또한 과부의 적은 연보를 칭찬하신 것도 아니다. 주님의 시각은 과부의 연보를 부자의 연보보다 많다고 하셨다. 그것은 첫째로 얼마 중에서 얼마를 바쳤느냐, 둘째로 연보하고서 얼마의 액수가 남았는가 하는 기준에 따라서 하신 말씀이다.

그러면 잘못된 헌금 자세에는 어떠한 것들이 있는지 살펴보자.

첫째, 더 큰 축복을 받기 위한 수단으로 드린다. 헌금을 마치 뇌물이나 투자로 생각하여 더 많은 복을 받기 위한 전제로 바쳐서는 안 된다. 항간에서 목사들이 헌금하여 축복받았다는 예화를 자주 사용하여 투자 심리와 같은 것을 부추기는 현상을 볼 수 있는데, 이것도 역시 시정되어야 한다.

둘째, 종교적 공포로 말미암아 바치는 헌금이 있다. 하나님께 적절한 헌금을 드리지 않으면 자기에게 화가 미칠까 봐 무서워서 바치는 현상은 사라져야 한다. 만일 헌금을 하지 않으면 질병이나 재산 손실 등으로 그만큼의 액수가 지출되니까, 기왕이면 헌금을 하는 편이 더 낫다고 여기면서 만족하기도 한다. 그러나 이것은 하나님을 무서운 고리대금업자로 보는 잘못이다.

셋째, 헌금은 해도 그만 안 해도 그만이라는 견해가 있다. 내 소유를 내 마음대로 쓸 수 있는 권리를 아무도 침해할 수 없으며, 헌금도 여기에 해당된다고 믿는 오류다. 하나님이 인간의 소유권을 침해하지 않으시는 것은 분명하다. 그러나 우리의 소유 중에서 하나님께 받지 않은 것이 어디에 있을까? 우리의 생명, 재능, 재물, 시간 등의 모든 것이 선하신 하나님에게서 온 것이다. 그러므로 우리는 하나님의 것을 하나님께 돌려드려야 할 의무가 있는 것이다. 그리고 하나님은 우리에게 헌금을 명령하고 계신다(고후 8:1~5, 9:5~11).

넷째, 명예욕에 근거한 위선적인 헌금이 있다. 다른 사람에게 과시하기 위하여 자선을 베풀고 생색내기 위하여 헌금하는 위선적인 태도는 가난한 자와 약한 자의 마음을 더욱 아프게 할 뿐이다.

4. 바람직한 헌금관

헌금은 하나님의 은총에 감사하며 드리는 것이다. 그러므로 헌금은 신앙생활의 성실한 표현이다.

첫째, 헌금은 신앙의 표현이다. 그리스도인은 하나님의 무한한 은혜에 대하여 감사하는 마음을 지니고 있다. 이 감사의 마음을 물질로 표현하는 것이 헌금이다. 그러므로 헌금은 아까워서 마지못해 내거나 억지로 내는 것이 아니고 기쁜 마음으로 드리는 것이다.

둘째, 헌금은 헌신의 표현이다. 그리스도인은 교회와 사회와 하나님께 대하여 어떤 의무를 지니고 있다. 헌금은 교회를 통하여 이러한 의무를 다하기 위하여 행하는 하나의 실천이다. 헌금만이 헌신의 표가 되는 것은 아니지만 헌금은 헌신을 나타내는 데 매우 구체적인 방법이다.

셋째, 헌금을 드리는 방법이 있다.

(1) 마음에 정한 바대로 정성껏 드려야 한다.

(2) 힘에 닿는 대로 최선껏 드려야 한다.

(3) 준비 있는 연보 생활을 해야 한다(고후 9:5).

(4) 규칙적인 연보 생활을 해야 한다.

(5) 연보는 예배를 드리면서 바치는 것이 합당하다.

제7장

복음의 청지기

"오직 성령이 너희에게 임하시면 너희가 권능을 받고 예루살렘과 온 유대와 사마리아와 땅끝까지 이르러 내 증인이 되리라 하시니라"(행 1:8). "너희는 온 천하에 다니며 만민에게 복음을 전파하라"(막 16:15). 이 말씀은 부활하신 예수님께서 승천하기 직전에 당부하신 지상 명령(Great Commission)이다. 이 명령은 당시의 예수님 제자들에게만 주어진 말씀이 아니라 오늘을 사는 우리 그리스도인들 모두에게 주어진 말씀이다. 모든 세대 모든 지역의 그리스도인들은 땅끝까지, 이 세상 끝날까지 복음을 전파해야 할 사명이 있다.

1. 복음이란 무엇인가?

복음에 대한 청지기의 사역을 올바르게 감당하기 위해서는 우선

복음이 무엇인지를 알아야 한다. 복음에 대한 올바른 이해는 복음을 바르게 전하기 위한 기본 전제다. 바로 알고 바로 전해야 그것이 진정한 의미에서 복음, 곧 기쁜 소식이다.

복음이란 헬라어로 '유앙겔리온'(Euangelion)이라 하는데, 기쁜 소식을 뜻한다. 옛날 그리스에서는 전쟁에서 승리한 소식을 복음이라고 불렀다. 그런데 성경에서는 그것이 예수 그리스도의 나심을 가리키는 말로 사용되었다. 예수께서 베들레헴에서 나실 때 천사들은 "보라 내가 온 백성에게 미칠 큰 기쁨의 좋은 소식을 너희에게 전하노라"고 말하였다.

복음에 관한 이야기는 구약에도 들어 있다. 그것은 좋은 소식(삼하 18:20, 25, 27, 왕하 7:9) 또는 좋은 소식에 관한 삯(삼하 4:10, 18:22)이라는 두 가지 각도에서 사용되었다.

바벨론 포로 기간 동안에는 잡혀간 유다 백성들의 귀환을 알리는 메시지가 곧 복음이었다. 그때 기쁜 소식을 전하는 자의 모습에 관하여 이사야는 이렇게 기록하였다.

"좋은 소식을 전하며 평화를 공포하며 복된 좋은 소식을 가져오며 구원을 공포하며 시온을 향하여 이르기를 네 하나님이 통치하신다 하는 자의 산을 넘는 발이 어찌 그리 아름다운가"(사 52:7).

신약에 와서 복음이란 예수 그리스도의 탄생, 죽음, 부활, 승천, 재림 등을 포괄적으로 의미하는 말로 사용되었다. 초대 교회에서는 바로 이러한 의미에서 예수 그리스도 사건을 복음이라고 불렀던 것이다.

1) 예수님이 사용한 복음의 의미

예수님께서 공생애를 시작하실 때, 장차 자신이 어떤 사역을 하실 것인지에 관하여 말씀하시기 위해서 구약의 이사야서를 인용하셨다.

"주의 성령이 내게 임하셨으니 이는 가난한 자에게 복음을 전하게 하시려고 내게 기름을 부으시고 나를 보내사 포로 된 자에게 자유를, 눈먼 자에게 다시 보게 함을 전파하며 눌린 자를 자유롭게 하고 주의 은혜의 해를 전파하게 하려 하심이라"(눅 4:18~19).

이 구절은 예수님의 구속 사역의 핵심이 어디에 있는지를 잘 보여준다. 예수님에게 복음이란 하나님의 희년을 선포하고 그때에 이루어질 일들을 구체적으로 현재화시키는 것이었다. 복음은 말장난이나 이론 설명이 아니고 하나님의 구원 행위요, 은혜를 베푸시는 사건이다. 말뿐인 사랑이 아니라 행함으로 표현되는 사랑의 실천이었다.

예수님에 복음은 예수님의 구원 사역을 의미하며, 어떤 의미에서 예수님 자신이 곧 복음이었다고 결론지을 수 있다.

2) 바울이 사용한 복음의 개념

바울은 복음이 무엇인지에 관하여 고린도전서 15장 1~5절에서 잘 말해주고 있다. "형제들아 내가 너희에게 전한 복음을 너희에게 알게 하노니 이는 너희가 받은 것이요 또 그 가운데 선 것이라 너희가 만일 내가 전한 그 말을 굳게 지키고 헛되이 믿지 아니하였으면 그로 말미암아 구원을 받으리라 내가 받은 것을 먼저 너희에게 전하였노니 이는 성경대로 그리스도께서 우리 죄를 위하여 죽으시고 장사 지낸 바 되셨다가 성경대로 사흘 만에 다시 살아나사 게바에게 보이시고 후에 열두 제자에게와."

위와 같은 본문에 의거하여 바울에게 있어서 복음은 다음과 같은 것이었다고 정리할 수 있다.

첫째, 복음은 구약의 선지자들에 의하여 예언된 것이다.
둘째, 예수 그리스도께서 죽으신 사실이다.
셋째, 예수님께서 부활하신 사실이다.
넷째, 우리도 예수님처럼 마지막 날에 부활하게 될 것이다(고전 15:22).

2. 복음과 생활

복음을 믿자

복음을 믿지 않으면 그리스도인이 될 수 없고, 따라서 그리스도의 청지기도 될 수 없다. 오직 예수 그리스도의 복음에 대한 분명한 믿음을 가지고 그리스도의 은혜에 감격한 자만이 온전한 청지기의 사명을 감당할 수 있다. 그러면 복음을 믿는다는 것은 무엇인가?

1) 복음을 믿는 것은 곧 예수 그리스도를 믿는 것이다

복음서에 보면 예수 그리스도, 바로 그분이 복음이다. 그러므로 그를 믿고 영접하는 것이 곧 복음을 믿는 것이다.

바울은 복음을 올바르게 믿으면 구원을 받는다고 가르쳤는데, 그것은 다시 말해서 예수님을 올바로 믿으면 구원받는다는 말과 같은 의미를 지닌다(고전 15:2).

2) 복음을 믿는 것은 복음을 이해하는 것이다.

아무것도 모른 채 무조건 믿을 수는 없다. 맹목적인 신앙은 위험하

다. 쉽게 이단의 속임수에 넘어가거나 변절하게 된다. 신앙은 지식을 무시하거나 경시하지 않는다. 오히려 믿음은 지식을 요구하고, 지식이 증가함에 따라서 믿음은 더욱 커진다.

그러므로 바람직한 신앙인은 지식과 믿음이 서로 조화된 상태를 유지하는 사람이다. 이에 관하여 사도 바울은 "우리가 다 하나님의 아들을 믿는 것과 아는 일에 하나가 되어 온전한 사람을 이루어 그리스도의 장성한 분량이 충만한 데까지 이르리니 이는 우리가 이제부터 어린아이가 되지 아니하여 사람의 속임수와 간사한 유혹에 빠져 온갖 교훈의 풍조에 밀려 요동치 않게 하려 함이라"(엡 4:13~14)고 교훈하고 있다. 그리스도를 아는 것과 믿는 일이 균형과 조화를 이루어야 비로소 온전하고 건전한 신앙 인격이 형성된다. 둘 중에 어느 하나만을 지나치게 강조하거나 경시해서는 안 된다.

복음을 바르게 믿기 위해서는 그것을 바르게 이해하지 않으면 안 된다. 복음에 대한 정확한 이해는 복음을 올바르게 믿는 데 도움을 준다.

복음에 합당하게 생활하자

사도 바울은 옥중에서 그리스도를 위하여 고난을 받으면서 "오직 너희는 그리스도의 복음에 합당하게 생활하라"(빌 1:27)고 교훈하고 있다. 이 말은 그리스도인답게 살라는 말이며, 충성된 청지기로서의 삶을 살라는 말이다.

그렇다. 복음을 단순히 믿는 것에서 그칠 것이 아니라 믿는 자답게 생활하지 않으면 안 된다. 오늘날 세계에 많은 그리스도인들이 있으나 진정 그리스도인이라는 이름에 합당하게 생활하는 자는 적다.

옛날 알렉산더 대왕의 휘하에 알렉산더라는 이름을 가진 병사가 있었다고 한다. 그런데 그는 매우 겁쟁이여서 전투할 때마다 항상 뒤로 도망치기를 잘하였다. 그래서 하루는 대왕이 그를 불러놓고 "네가 알렉산더라는 이름을 버리든지 아니면 용감한 병사가 되든지 하라"고 훈계를 하였다고 한다.

당신은 그리스도인이란 이름에 합당하게 생활하고 있는가? 예수님은 "나더러 주여 주여 하는 자마다 다 천국에 들어갈 것이 아니요 다만 하늘에 계신 내 아버지의 뜻대로 행하는 자라야 들어가리라"(마 7:21)고 하셨다.

야고보 사도도 말하기를 "너희는 말씀을 행하는 자가 되고 듣기만 하여 자신을 속이는 자가 되지 말라"고 하였다(약 1:22). 믿음은 행함과 함께 일하고 행함으로 믿음이 온전케 되는 것이다.

복음을 전하자

복음 전파는 지상 최대의 명령이다. 예수님께서 이 땅에 오신 일은 바로 잃어버린 자들을 구원하시기 위함이었다. 그래서 리빙스턴은 말하기를 "하나님에게는 위대한 선교사가 한 분 계셨다. 그분은 곧 예수 그리스도이시다"라고 하였다.

이 땅에 선교사로 오신 예수님은 또한 우리를 세상의 선교사로 파송하신다. "아버지께서 나를 보내신 것같이 나도 너희를 보내노라"(요 20:21). 전도의 사명을 받은 우리는 땅끝까지, 이 세상 끝날까지 그리스도의 복음을 증거해야 한다.

1) 전도란 무엇인가?

전도란 복음 곧 기쁜 소식을 전하는 것이다. 예수 그리스도의 탄생, 고난, 죽음, 부활, 승천, 재림 등에 관한 소식을 전하는 것이다. 예수 그리스도께서 우리를 구원하셨다는 기쁜 소식을 알리는 것이다.

구원은 주의 이름을 믿고 부르는 자에게 주어진다. 그런데 주의 이름을 알지 못하고 듣지 못한 자가 어떻게 그 이름을 믿고 부를 수 있겠는가? 그러므로 복음 전파는 절대로 필요한 것이다. 사도 바울은 말하기를 "듣지도 못한 이를 어찌 믿으리요 전파하는 자가 없이 어찌 들으리요 보내심을 받지 아니하였으면 어찌 전파하리요 기록된 바 아름답도다 좋은 소식을 전하는 자들의 발이여 함과 같으니라"(롬 10:14~15)고 하였다.

믿음은 들음에서 나며 들음은 그리스도의 말씀으로 말미암는 것이다(롬 10:17).

첫째, 누구에게 전할 것인가?

가까운 이웃에서부터 땅끝 사람들에 이르기까지 온 천하 만민에게 복음을 전파하여야 할 것이다. 칼빈주의 예정론에 따라서 택자만 구원받으니 택자들에게만 전도하면 된다고 생각할 수도 있으나, 우리가 택자와 불택자를 육안으로 구별할 수 없으므로 모두에게 전도해야 한다.

둘째, 무엇을 전할 것인가?

그리스도인이 전해야 할 내용은 복음이다. 주의 복음 이외에 다른 것을 전하는 것은 전도가 아니다. 우리는 모든 믿는 자에게 구원을 주시는 하나님의 능력인 복음을 전해야 한다(롬 1:16).

복음이란 예수 그리스도의 대속 사역을 가리키며, 또한 그 사역을 믿는 자에게 구원의 은총이 임한다는 사실을 말한다.

셋째, 어떻게 전도할 것인가?

전도하는 방법에는 크게 두 가지가 있다. 하나는 말로 전도하는 것이고 다른 하나는 행동으로 전도하는 것이다.

말로 전하는 것은 전도의 대상자를 찾아가서 성경 말씀이나 신앙 간증을 통하여 그리스도를 전파하는 것이다.

행동으로 하는 전도는 전도자가 착한 행실을 함으로써, 사람들이 그의 모습을 보고 감동하여 예수님을 믿으려는 마음을 갖도록 하는 것이다. 예수님은 행실 전도에 관하여 이렇게 가르치셨다. "사람이 등불을 켜서 말 아래에 두지 아니하고 등경 위에 두나니 이러므로 집 안 모든 사람에게 비치느니라 이같이 너희 빛이 사람 앞에 비치게 하여 그들로 너희 착한 행실을 보고 하늘에 계신 너희 아버지께 영광을 돌리게 하라"(마 5:15~16).

넷째, 어디서 전도할 것인가?

우리는 언제 어디에서나 전도해야 한다. 모든 시간, 모든 장소에서 모든 기회를 선용하여 기도해야 한다. 초대 교회 성도들은 "그들이 날마다 성전에 있든지 집에 있든지 예수는 그리스도라고 가르치기와 전도하기를 그치지 아니하니라"(행 5:42)였다.

사도 바울은 권면하기를 "너는 말씀을 전파하라 때를 얻든지 못 얻든지 항상 힘쓰라"라고 하였다(딤후 4:2).

다섯째, 결과는 하나님께 맡겨라.

전도할 때 전도 대상자의 회심 가능성을 미리 판단해서는 안 된다. '이 사람은 전도해도 안 믿을 것 같은데…'라고 미리 속단하지 말라. 믿든지 안 믿든지 최종 결과는 하나님께 맡기고 계속 기도하면서 전도하여 우리의 의무를 다함에 소홀함이 없어야 한다.

"심는 이나 물 주는 이는 아무것도 아니로되 오직 자라게 하시는 이는 하나님뿐이니라"(고전 3:7).

2) 전도자의 자질

"내가 다시는 여호와를 선포하지 아니하며 그의 이름으로 말하지 아니하리라 하면 나의 마음이 불붙는 것 같아서 골수에 사무치니 답답하여 견딜 수 없나이다"(렘 20:9).

첫째, 믿음이 확고한 자

전도는 억지로 되는 일이 아니다. 예수 그리스도로 말미암아 새 생명을 얻고 구원을 얻었다는 확신이 있어야 한다. 자신이 전하고 있는 예수 그리스도가 누구인지 분명히 알고 그의 은혜에 감격한 자가 되기 전에는 불타는 전도자가 될 수 없다.

둘째, 남의 영혼을 사랑하는 자

인간의 영혼은 천하보다 귀중하다. 천하를 주고도 바꿀 수 없는 귀중한 생명을 구원하겠다고 하는 뜨거운 마음을 소유하는 자가 훌륭한 전도자가 된다. 남의 영혼을 내 영혼처럼 귀하게 여기고 그들도 나처럼 구원받게 해야겠다고 하는 간절한 열망이 있어야 한다.

사도 바울은 로마서 9장 3절에서 "나의 형제 곧 골육의 친척을 위하여 내 자신이 저주를 받아 그리스도에게서 끊어질지라도 원하는 바로라"고 하였다. 이러한 태도야말로 전도자가 지녀야 할 최상의 전도 동기이며, 사랑의 극치다.

셋째, 기도의 능력을 얻은 자

초대 교회는 마치 불덩이가 굴러다니는 것과 같은 뜨거운 전도 역사를 이룩하였다. 그들은 하루에도 수천 명씩 회심시키는 놀라운 성과를 거두었다. 어떻게 그런 일이 있을 수 있었는가? 그것은 기도 때문이었다. 기도하여 성령의 충만함을 받고 담대한 마음으로 전도하여 그토록 놀라운 성과를 거두었던 것이다.

천하와도 바꿀 수 없는 생명을 마귀의 세력에서 구원해내는 일은 기적이요 대업이라고 해도 좋을 것이다. 하나님의 대업, 그 기적은 오직 기도로만 가능한 것이다.

전도자는 먼저 "복음을 듣는 자의 마음 문이 열리게 하옵소서"라고 기도해야 한다. 그리고 "강철 못을 박듯이 그들의 가슴에 복음을 잘 심을 수 있게 하옵소서"라고 기도해야 한다. 마지막으로 그 결과를 하나님의 선하신 뜻에 맡기는 기도를 드려야 한다.

넷째, 말씀으로 충만한 자

전도는 영혼을 구하는 일이다. 죽은 영혼에 생기를 불어넣는 일이기에 인간의 말을 가지고는 불가능하다. 오직 하나님의 말씀이 심령을 변화시킨다. 베드로 사도는 "너희가 거듭난 것은 썩어질 씨로 된 것이 아니요… 하나님의 말씀으로 되었느니라"고 하였다(벧전 1:23).

오직 성경만이 구원의 말씀이며 잃어버린 생명을 구원할 수 있는 능력이 된다. 비록 인간의 말이 아름답게 들릴지라도 그것이 사람을 구원하지는 못하는 것이다.

"하나님의 말씀은 살아 있고 활력이 있어 좌우에 날선 어떤 검보다도 예리하여 혼과 영과 및 관절과 골수를 찔러 쪼개기까지 하며 또 마음의 생각과 뜻을 판단하나니"(히 4:12).

죽은 말은 사람의 영혼을 살려내지 못한다. 오직 살아 있는 말씀이 살려낼 뿐이다.

다섯째, 사명감에 불타는 자

전도는 체면이나 위신을 세우기 위하여 위선적으로 해서는 안 된다. 외식적인 전도는 오래갈 수 없고 큰 성과도 기대할 수 없다. 복음 전도는 전하지 않고는 견딜 수 없는 강한 사명감에 사로잡힐 때 놀라운 역사가 일어나며 구원의 은총이 임하는 것이다.

여섯째, 성령 충만을 받은 자

성령님의 역사는 크게 둘로 나눌 수 있다. 하나는 구원의 역사로서 예수 그리스도를 믿는 자는 누구나 다 받는 것이다. 이 경우에는 한 번 성령을 받으면 또다시 받을 필요 없이 영원한 것이다.

다른 하나는 성령의 충만으로 계속적이고 반복적으로 받는 것을 가리킨다. 하나님과의 바른 관계가 형성되지 못한 그리스도인은 자연히 복음 전도에 대한 의욕도 상실되고 만다. 하나님의 뜻을 버리고 인간 뜻대로 스스로의 길을 걷게 된다. 그러나 성도들이 성령의 충만을 받으면 그의 생활은 더욱 생동적이고 승리의 생활을 하게 될 것이다.

성령 충만은 한 번만으로 만족할 수 없다. 성령으로 충만한 삶을 계속적으로 살아가야 한다. 그러자면 예수 그리스도와 바른 관계를 맺고 계속해서 그의 안에서 거하는 생활을 해야 한다. 예수님은 이렇게 말씀하셨다.

"내 안에 거하라 나도 너희 안에 거하리라 가지가 포도나무에 붙어 있지 아니하면 스스로 열매를 맺을 수 없음같이 너희도 내 안에 있지 아니하면 그러하리라 나는 포도나무요 너희는 가지라 그가 내 안에, 내가 그 안에 거하면 사람이 열매를 많이 맺나니 나를 떠나서는 너희가 아무것도 할 수 없음이라"(요 15:4~5).

복음의 청지기로서의 그리스도인은 복음을 이웃에게 직접 전달할 뿐 아니라 뒤에서 전도 사업과 해외 선교 사업을 돕기 위하여 시간과 재능과 재물을 아낌없이 바쳐야 한다. 복음 전파의 사명은 선택의 문제가 아니고 당위적인 책임 감당의 문제다. 그리스도의 모든 청지기들은 이 사명을 절대로 회피할 수 없다.

제8장

교회의 청지기

모든 그리스도인은 실제적으로 교회와 가장 밀접한 관계를 맺고 있다. 따라서 교회에 대한 그리스도인의 청지기 사명 역시 중요하고 구체적일 수밖에 없다. 그런데 교회만큼 많이 그리스도인들에 의하여 잘못 인식되고 있는 것도 없다. 교회에 관한 청지기 직분을 이야기하기 전에 먼저 교회의 본질과 임무가 무엇인지 살펴보기로 하자.

1. 교회의 본질

교회라고 하면 언덕 위에 우뚝 솟은 종탑이나 교회 안에서 거행되는 예배와 설교를 연상하기 쉬우나 그것은 교회에 관한 피상적인 이해일 뿐 교회의 본질은 거기에 있는 것이 아니다. 그러면 교회의 본질은 도대체 어떤 것일까?

구약 교회

교회는 구약 시대에 이스라엘 민족이 가졌던 '하나님의 백성'의 사상을 이어받아 그리스도의 터 위에 세워진 신자의 공동체다. 구약의 이스라엘 백성은 하나님과 아브라함 사이에 맺어진 계약 관계로 자기들이 하나님의 백성이란 선민의식을 가졌다(창 17:10).

스데반 집사는 출애굽 하는 하나님의 백성을 '광야 교회'라고 불렀다(행 7:38). 이와 같이 구약에서는 하나님과의 언약 속에 있는 선민들을 교회라고 볼 수 있다(고전 10:1~4).

신약 교회

교회(Church)란 '주님에게 속한'(Churiache)이란 헬라어에서 유래되었다. 문자대로 하면 교회란 '주님께 속한 자들'이란 뜻이 된다.

헬라 원어로는 교회를 '에클레시아'(ekklesia)라고 하는데, 이 말은 대중 속에서 불러냄을 받은 자라는 뜻이다. 이것은 예수 그리스도의 부름을 받아 그의 가르침과 그 모범에 따라서 하나님께 충성을 다하려는 결심을 한 사람들의 공동체다. 그러므로 교회는 자기를 부인하고 예수 그리스도를 따라 새로운 삶의 창조를 위하여 노력하는 사람들의 모임이다.

또한 교회는 하나님과 그리스도를 믿는 신자들의 친교 공동체다. 교회는 신자가 하나님과 영적인 교제를 나누며 신자들 상호 간에도 사랑의 친교를 나누고 믿음을 지켜나가는 친교의 무리다. 이 교제(Koinonia) 안에서 머리 되신 그리스도의 명령에 따라 각 지체된 신자가 움직이는 유기적 공동체가 곧 교회다.

그러므로 교회는 어떤 건물이나 제도를 의미하는 것이 아니고 그리스도인들 즉 우리를 가리키는 말이다. 우리 곧 너와 내가 교회인 것이다.

2. 교회의 특징

니케아 신조에서 강조된 교회의 네 가지 특징이 있다. 그 특징은 교회의 단일성, 성결성, 보편성, 사도성이다.

교회는 하나다

사도 바울은 "주도 한 분이시요 믿음도 하나요 세례도 하나요 하나님도 한 분이시니 곧 만유의 아버지시라"(엡 4:5~6)고 하였다. 이 말은 모든 신자들이 지향하는 목적과 살아가는 힘과 의지하는 상태와 결심이 하나라는 뜻이다. 교회는 주 되시는 예수 그리스도를 중심으로 영원하신 하나님께 대한 믿음과 예배에 있어서 하나다.

그러므로 한 목적을 가지고 한 원천에서 보급되는 힘을 가지고 같이 살아가는 신자들은 어디에 있든지 그들의 공동체를 이룬다. 이 공동체 안에는 국경도, 인종의 차별도, 지위의 높고 낮음도 없다. 신자는 그리스도의 부름을 받아 그의 지체가 되었기 때문에 지체는 각각 다르나 몸은 하나인 것처럼 신자는 다르나 교회는 하나다. 오늘날 교회가 사소한 일과 인간적인 감정으로 또 교권 싸움으로 말미암아 분

열되어 있어도 교파와 종단을 초월하여 교회는 하나라는 것을 잊지 말아야 한다.

교회는 거룩하다

교회는 경건한 사람과 그렇지 못한 사람이 함께 모이는 곳이다. 그럼에도 불구하고 교회가 거룩하다는 것은 거기에 모이는 사람들이 도덕적으로 거룩하기 때문이 아니라 거룩하지 못한 사람을 거룩하게 하시는 하나님이 계시기 때문이다.

고린도교회는 윤리적으로 매우 타락한 교회였다. 그들 가운데는 음행하는 자들도 끼어 있었다. 그러나 사도 바울은 그들을 "하나님의 교회"라고 불렀고 "그리스도 예수 안에서 거룩하여지고 성도(聖徒)라 부르심을 받은 자"라고 불렀다(고전 1:2). 물론 이 말이 예수님을 믿기만 하면 어떠한 죄를 지어도 좋다는 뜻은 아니다. 오히려 '너희는 성도들이니 그런 죄악을 범해서는 안 된다'는 뜻으로 바울은 말한 것이다.

어쨌든 인간의 불완전성에도 불구하고 하나님의 거룩하신 완전성에 의하여 교회는 거룩한 것이다. 현실 교회는 결코 흠이 없거나 깨끗한 것만은 아니다. 그러나 거룩하지 못한 사람들이 부름을 받아 그리스도의 속죄를 믿고 성령의 감화를 받아 거룩하게 되어가는 모임이 교회다. 그러므로 거룩한 교회로서의 그리스도인들은 그리스도의 장성한 분량에 이르도록 자신을 거룩하게 지키며 성숙해가야 할 것이다.

교회는 보편적이다

'보편적'(Catholic)이라는 말은, 교회가 어디에 있든지 같은 본질과 같은 목적과 같은 형태를 지니고 있다는 뜻이다. 다시 말해서 보편적 교회란 모든 인종과 모든 계급을 초월하여 모든 인간이 누구나 예배에 참석하고 구원을 얻을 수 있는 공동 교회라는 말이다. 현실 교회에는 여러 가지 차별과 제한이 있는 교파의 교회들이 있으나 이것은 일시적인 현상에 지나지 않는다.

본래 교회는 서로 통하고 같은 본질과 목적을 가져야 한다. 그렇다고 전 세계 교회가 단일 기구로서 같이 움직여야만 한다는 뜻은 아니다. 교회의 보편성은 기구적으로 또는 제도적으로 하나가 되어야 한다는 뜻이 아니라 구원 공동체로서의 본질과 목적과 형태가 동일해야 한다는 뜻이다. 이러한 뜻에서 볼 때 지나친 교파주의와 종파주의는 지양되어야 한다.

교회는 사도적이다

'사도적'(Apostolic)이란 예수님의 제자들이 예수님께 직접 배웠거나 또는 전하라고 분부하신 그대로의 복음을 전승했다는 뜻이다. 교회는 예수님의 복음을 받아 그것을 간직하고 후세에 전달하기 위하여 형성된 공동체다. 그러므로 교회의 믿음의 내용은 사도들이 예수님께 직접 듣고 배우고 부탁받은 대로의 복음이다.

교회는 주님이 가르쳐주신 믿음의 내용 그대로를 파수해야 한다. 이것이 바로 교회의 사도성이다. 교회의 역사가 수천 년을 흘러도 그 믿음의 내용은 변해서는 안 된다.

3. 교회의 사명

교회는 예수 그리스도의 몸이다. 따라서 교회는 예수님의 사역을 계승하여 그의 일을 대신하여야 한다. 그것은 말씀의 참된 전파, 성례의 정당한 집행 그리고 권징의 신실한 시행으로 집약할 수 있다. 개혁파 교회에서는 이것을 참된 교회의 세 가지 표지라고 불렀다. 이 세 가지 표지는 결국 하나다. 즉 교훈과 실천에 있어서 하나님의 말씀의 표준에 따라서 신실하게 행하는 것이다.

말씀의 참된 전파

이것은 교회의 가장 중요한 사명이다. 지상의 교회는 하나님의 말씀을 진실과 성심으로 전파해야 한다. 교회가 하나님의 말씀을 전파해야 할 대상은 교인들에게만 국한되지 않는다.

교회는 사회를 향해서 복음을 선포해야 하는데, 이것을 전도라고 부를 수 있다. 또한 불의한 사회 현상에 대하여 예언자적 메시지를 선포하여 사회에 정의와 평화가 흐를 수 있도록 만들어야 한다. 사회의 불의를 보고 침묵하는 것은 그 일에 동조하는 것과 다를 바가 없다. 교회는 사회 속에서 깨어 있는 양심이 되고 빛과 소금이 되어야 한다.

또한 교회는 하나님의 말씀을 다음 세대에게 잘 가르쳐야 할 사명이 있다. 주일학교는 바로 이러한 취지를 살리기 위해서 존재하며 오늘날 그 역할을 충분히 해내고 있다.

하나님의 말씀 위에 든든히 서고 그 말씀이 흥왕한 교회는 참 교회이며 필연적으로 최상의 교회가 될 것이다.

성례의 정당한 집행

성례는 로마 교회에서와 같이 하나님의 말씀에서 분리시켜서는 안 된다. 사실상 이 성례는 보이는 말씀인 것이다. 그리고 이 성례는 말씀의 합법적인 사역자들에 의하여 하나님이 세우신 제도에 따라서 신자들과 그 자녀들에게만 집행되어야 한다.

교회의 성례는 두 가지가 있다. 즉 세례와 성찬이다. 로마 교회에서는 일곱 가지를 주장하나 성경적인 근거가 없는 것이고, 그리스도께서 세우신 성례는 세례식과 성찬식뿐이다.

권징의 신실한 시행

이것은 교리를 순수하게 유지하며 성례를 거룩하게 보수하는 데 매우 필요한 것이다. 권징을 등한시하는 교회는 곧 진리의 빛을 상실하게 되고 거룩한 것을 남용하게 된다. 하나님의 말씀은 그리스도의 교회 안에서 진정한 권징을 강조하고 있다(마 18:18, 고전 5:1~5, 13, 14:33, 40).

4. 교회의 목적

하나님의 부르심을 받아 모인 교회는 예배와 봉사와 교제와 선교를 위해서 존재한다. 따라서 교회의 목적은 바로 이러한 것들이라고 할 수 있다.

예배

교회의 기본적인 임무 중 최우선적인 것은 예배다. 그 이유는 교회가 존재하는 목적이 "하나님을 영화롭게 하고 영원토록 그를 즐거워하는 데" 있기 때문이다. 이러한 목적을 설정해야 할 까닭은 교회를 형성하고 있는 부름받은 무리들이 창조주 하나님의 은총과 예수 그리스도의 구속의 사역을 깨닫고 거기에 감격적인 응답을 보내고 있기 때문이다. 이 감격과 응답은 하나님의 깊은 관심을 받게 되며 말씀을 통하여 또 하나의 은혜와 만남을 가져오게 된다. 이러한 예배 행위는 날이 갈수록 모든 교회로 하여금 공동체 의식을 더욱 돈독하게 해준다.

이렇게 교회는 예배하는 공동체로서의 특징을 지닌다. 개혁교회의 중심적인 신앙 지침서였던 제2 스위스 신앙고백서를 보면 "교회란 무엇인가?"라는 질문에 대한 대답으로 "교회란 그리스도를 통하여 주어진 은혜의 동참자들이 말씀과 성령에 의하여 예수 그리스도 안에서 참 하나님을 바르게 알고 섬기며 예배하는 공동체"라고 명시하고 있다.

교회의 예배에 대한 강조는 현대 신학자들 사이에서도 자주 제시되고 있다. 폴 틸리히는 "예배란 교회의 고차원적인 응답이며 그 존재의 궁극적인 터전이다"라고 하였다. 이 터전이 바로 교회로 하여금 가족적인 개념의 공동체를 형성케 하며 여기서 예배하는 공동체로서의 즐거움과 특권을 소유하게 하는 것이다.

예배 공동체로서의 교회가 필수적으로 이해해야 할 또 하나의 중요한 점은 예배가 '나'라는 개인보다 '우리'라는 공동체적 특성을 언제나 띠고 있다는 사실이다. 예배란 경건한 개체들의 집합이 아니라 교회의 머리 되신 예수 그리스도와 관계를 맺고 있는 모두의 공동적 행위인 것이다.

오늘날 교회가 대형화됨에 따라서 우선적으로 발생하는 부정적인 현상은 가난하고 연약한 성도들이 소외당하고 있다는 것이다. 교회가 전체성을 상실하고 부자들과 강자들이 중심이 되어 예배가 드려질 때 그것은 온전할 수가 없다. 교회 안에 소외되고 게토(ghetto)화된 사람들을 찾아 그들의 권익을 보호하고 그들에게 교회의 중요한 구성원으로서 위치를 회복시켜줄 때 온전한 공동체로서의 존재 의미를 되찾게 될 것이다.

1) 예배의 본질

교회의 예배 형태는 여러 가지나 그 본질은 동일하다. 본질을 상실한 예배는 예배가 아니며 단순히 종교 예식에 불과할 것이다. 예배에 관하여 생각할 때 반드시 염두에 두어야 할 예배의 본질이 무엇인지 살펴보자.

첫째, 예배는 영적인 존재이신 하나님을 섬기는 것이다. "하나님은 영이시니 예배하는 자가 영과 진리로 예배할지니라"(요 4:24)고 예수님은 교훈하셨다. 그런데 로마 가톨릭 교회는 성전 안에 화려한 상징과 장식을 통하여, 그리고 가시적인 의식의 형태를 가지고서 하나님을 섬기려 들었기에 하나님을 조각한 형상 속에 머물게 했고 상징 속에서 부동(不動)하시는 분으로 추상화시켰다.

예배자들은 우선 섬기는 신의 존재가 물질적이 아니라 영적 존재라는 것을 분명히 인식해야 한다. 그렇다면 어느 경우든지 그 대상을 우상의 형태로 만들어 섬길 수 없음은 명확한 이치다. 하나님을 외적인 형태로 섬기려는 태도를 버려야 한다.

둘째, 모든 예배는 그리스도 중심으로 드려져야 한다. 로마 교회는 사제를 중심으로 예배를 드리며, 성모 마리아를 비롯한 수많은 성현들을 예배의 구심점으로 삼고 있다. 그러나 예배의 중심은 오직 중보자 예수 그리스도 한 분뿐이시다.

"하나님은 한 분이시요 또 하나님과 사람 사이에 중보자도 한 분이시니 곧 사람이신 그리스도 예수라"(딤전 2:5).

하나님과 단절된 인간의 버려진 상태를 회복하시고 하나님과 다시 하나되는 새롭게 살 길을 여신 예수 그리스도만이 예배의 구심점이 되어야 한다. 예수님께서 이 땅에 오시어 스스로 복된 소식이 되셨음을 믿고, 그의 수난과 부활이 역사를 통하여 보여주신 구원을 확증하며, 하나님을 바라보며 그에게 경외와 감격과 찬양을 돌릴 때만이 예배로서의 가치를 형성하게 되는 것이다. 이러한 이유 때문에 예배 가운데서는 그리스도의 구속 사건이 늘 반복되어야 하고 거기서 수많은 사람들이 그리스도를 만나야 하며 하나님과의 거룩한 교제를 가져야 한다.

그렇게 될 때에야 비로소 예배하는 공동체로서의 교회가 진정으로 그리스도와 동행하며 항상 참된 예배와 생활을 지속할 수 있게 되는 것이다.

셋째, 예배할 때 가장 중시해야 할 요소는 역시 예배의 형태와 내용과 메시지가 성경을 바탕으로 해야 한다는 점이다. 칼빈은 "하나님은 성경 가운데서 우리에게 그 자신에 관하여 정확한 지식을 주셨다"고 강조하면서, 기독교의 전체 규범이 성경 이외에서는 발견될 수 없음을 역설한 바 있다. 성경이 없이는 그리스도인들의 예배, 봉사, 친교, 전도 등 그 모든 것들이 탈선할 수밖에 없는 것이다.

오늘날 수많은 예배가 성경보다는 인간의 경험과 주관적 생각에 의하여 규정되고 진행되고 있는데, 이것은 실로 위험한 궤도를 달리고 있는 것이라고 할 수 있다. 예배의 근본 정신을 오직 성경에 기초를 두고 그 말씀으로 병행을 잡아갈 때만이 살아 계신 하나님을 올바르게 섬길 수 있게 될 것이다.

2) 예배의 목적

루터(Martin Luther)는 예배의 목적을 '죄인의 개종'과 '교인의 교육'이라고 정의하였다. 또한 경건주의자들은 그것을 '성도의 교제'라고 하였다. 그러나 개혁파 교회에서는 예배의 목적을 '하나님의 영광을 위하여'라고 말한다.

하나님의 영광을 높이는 일은 그리스도인의 생활 목적인 동시에 예배의 목적이 된다. 예배가 사람의 영광을 높인다거나 인간이 즐거움을 얻기 위한 수단으로 이용될 때 그것은 이미 예배가 아니다. 무슨 박사 학위 취득 예배, 박사 가운 입고 설교하기, 사람을 강단에 세워놓고 만세를 부르거나 박수 치기 등은 인간을 높이기 위하여 예배가 이용되는 것일 뿐이다. 또한 가난한 교인들이 헐벗고 굶주리는데 강단을 화려하게 장식한다든지 예배당 건물이 너무 휘황찬란할 경우, 그곳에서 드려지는 예배가 과연 하나님께 영광이 되겠는가? 따라서 예배의 목적은 교회의 건덕(健德)을 통해서 구체화되는 것이라고 할 수 있다.

3) 예배의 성격

예배는 인간이 주체가 되어서 하나님께 공적을 쌓는 불교의 불공과 같은 것이 아니다. 예배는 인간의 잔치에 하나님을 참석시키는 일이 아니고 하나님의 잔치에 인간들이 초대받아 참여하는 일이다. 예배는 언제나 하나님의 초청하심과 은혜의 계시가 선행되고 인간은 하나님의 부르심에 단순히 응답하는 행위다. 그러니까 예배의 주체는 어디까지나 하나님이지 사람이 아닌 것이다.

그러므로 내가 스스로 예배를 드리는 것이 아니라 하나님께서 예배를 드리도록 인도하시는 것임을 명심하여 하나님 중심의 예배를 드려야 한다. 하나님 중심의 예배는 예수 그리스도의 공로를 의지하여 예배를 드린다는 것을 뜻한다. "내가 곧 길이요 진리요 생명이니 나로 말미암지 않고는 아버지께로 올 자가 없느니라"(요 14:6). 예배를 드릴 때 죄인은 스스로의 죄를 깨닫고 대제사장이신 그리스도의 구속과 중보에 의하여 하나님과 직접 교통하게 되고 대화하며 만나게 되는 은총을 받게 되는 것이다.

봉사

교회는 이웃을 위해 봉사해야 할 책임이 있다. 사회의 빈곤이나 세계의 평화 같은 문제에 대해서도 관심과 책임을 가진 착한 사마리아인이 되어야 한다.

예수님께서 이 땅에 오신 목적은 사람들을 섬기기 위함이었다. "인자가 온 것은 섬김을 받으려 함이 아니라 도리어 섬기려 하고 자기 목숨을 많은 사람의 대속물로 주려 함이니라"(막 10:45).

예수 그리스도는 우리를 위하여 죽으심으로서 봉사의 극치가 무엇인지를 잘 보여주셨다. 예수님의 교훈을 따라 초대 교회는 가난한 교우들에 대한 봉사의 책임을 잘 감당하였다. 초대 교회가 구제 사업을 잘하였다는 증거는 "그중에 가난한 사람이 없으니"(행 4:34)라는 말씀 속에 잘 나타나 있다.

예수 그리스도가 세상을 위해서 오셨듯이, 교회도 세상을 위하여 파송을 받았다. 그러므로 교회는 교인들뿐만 아니라 사회인들을 위해서 봉사해야 할 책임이 있다. 교회가 사회적 책임을 등한시하고 교회 자체의 부흥과 발전만을 추구한다면, 교회는 지역 사회로부터 소외되고 맛 잃은 소금 또는 빛 잃은 등대로 전락할 것이다.

한국 사회에 복음이 들어왔던 초기에는 대부분의 사회사업들이 그리스도인들에 의하여 영위되었다. 이 땅에 복음이 전파되던 첫날부터 병원이나 학교와 같은 통로를 개척하고 그에 따라 교회를 세운, 아주 독특한 역사를 형성해왔다. 그 설립과 발전의 선후 관계가 반드시 명료하게 체계화되지는 아니하였지만 복음과 사회는 늘 병행하였고, 교회는 이 민족과 사회에 심대한 공헌을 하였다. 그러나 최근의 경향은 교회가 사회봉사를 거의 하지 못하고 있는데, 이것은 교회가 그러한 책임을 등한시하고 있다는 증거다.

시대의 변천에 따라서 봉사의 형태는 변화하지만 봉사의 원리와 정신은 변하지 않는다. 교회가 세상의 빛과 소금으로서의 역할을 끝까지 견지할 때 교회의 존재 목적은 달성되는 것이다.

성도의 교제

사도신경에 '성도가 서로 교통하는 것'을 믿는다고 고백하는 것은 예수 그리스도를 믿음으로 말미암아 한 몸이 되었다는 것을 인정하는 것이다. 모든 그리스도인들은 예수 그리스도를 머리로 하는 각 지체들이다. 그러므로 그리스도인들은 서로 교제해야 하며 서로 도와야 한다.

교제는 그리스도를 중심한 성도의 공동생활이다. 신앙에 의하지 않은 공동체의 교제는 인간 서로의 욕망이 기초가 되어 결국 자기를 위하여 다른 사람을 사랑하지만, 교회의 영적 공동체의 교제는 예수님의 사랑과 진실이 기초가 되어 나와 다른 사람 사이에 교제가 성립됨으로 성도의 교제는 사랑의 교제요 서로 도와주려는 신앙의 교제다.

우리 성도는 결코 혼자일 수 없다. 고독은 죄다. 기독교는 고독을 배척한다. 모든 사람과의 관계를 끊어버리고 혼자서만 도를 닦으려는 입장을 취하지 않는다. 교회에 나와서 하나님과 교제하며 성도들과 친교를 이루어 교회에 봉사하는 성도야말로 아름다운 하나님의 백성이요, '성도의 교제'를 고백할 자격을 갖춘 청지기다.

선교

선교는 교회의 본질적 임무 중의 하나다. 복음서의 결말 부분이 선교의 대명령으로 끝나고 있다는 것을 알게 될 것이다. 마태복음에는 "그러므로 너희는 가서 모든 민족을 제자로 삼아"라고 되어 있고, 마가복음에는 "너희는 온 천하에 다니며 만민에게 복음을 전파하라"고 되어 있다. 그리고 누가복음에는 "또 그의 이름으로 죄 사함을 받게 하는 회개가 예루살렘으로부터 시작하여 모든 족속에게 전파될 것이다…"라고 했고, 요한복음에는 "아버지께서 나를 보내신 것같이 나도 너희를 보내노라" 하신 말씀을 읽게 된다. 한 걸음 더나아가서 초대교회의 선교 내용을 담고 있는 사도행전에서는 "예루살렘과 온 유대와 사마리아와 땅끝까지 이르러 내 증인이 되리라"는 말씀으로 이어진다.

이 가운데 요한복음의 내용이 특히 중요하다. 요한복음은 교회의 선교가 하나님의 아들이신 예수 그리스도의 선교를 계승하는 것이라고 말한다. 그러므로 하나님에 의하여 이 세상에 구속주로 오신 예수 그리스도의 사역을 뒤이어 계속하는 것이 교회의 소명이다. 교회는 머리 되신 그리스도의 지체이며 그리스도는 이 지체를 통하여 그 자신의 목적을 달성하신다. 그러므로 선교는 교회의 본질적 의무 중의 하나이며 그 존재 목적이다.

교회는 주님의 보내심으로 말미암아 세상 안에 존재하게 되었다. 교회는 잃어버린 세상, 비기독교인들에게 구속의 메시지를 선포하게 되며 또한 말씀을 듣는 자들 중에서 말씀을 받아들임으로 구속받은 회중들, 곧 지상의 하나님의 백성을 모아들인다. 선교를 통하여 교회는 자기 자신의 존재 목적을 확인하게 된다. 선교는 교회에서 이루어지는 여러 가지 일들 중 하나일 뿐이며 신학적인 부산물에 불과하다고 생각할 것이 아니라 교회의 본질이라는 점을 분명히 인식해야 한다.

5. 교회의 조직과 사업

선한 청지기는 교회 기관의 기원, 원리, 조직 및 사업에 대하여 알아야 된다. 그렇게 함으로써 교회 사업에서 가치 있는 일을 맡게 될 것이며, 자신 속에 있는 신앙과 희망에 대하여 모든 사람들에게 그 이유를 설명할 수 있게 될 것이다.

이러한 것들을 알기 위한 가장 좋은 방법은 교회 예배에 정규적으로 참석하는 것이며 교회 사업에서 활약하는 것이다. 또한 종교 서적을 읽고 각종 동아리 모임에 참석하여 활동하는 것이 유익하다. 무엇보다 하나님의 말씀을 연구해야 하며 또한 묵상하고 순종해야 한다.

사도 바울은 "너는 진리의 말씀을 옳게 분별하며 부끄러울 것이 없는 일꾼으로 인정된 자로 자신을 하나님 앞에 드리기를 힘쓰라"고 하였다(딤후 2:15). 무릇 청지기는 하나님의 교회에 관하여, 교파의 사업에 대하여 무지해서는 안 된다.

교회의 조직

교회는 크게 감독 제도와 대의원 제도, 조합 제도의 세 가지 유형으로 나눌 수 있다.

1) 감독 제도

감독 제도는 로마 가톨릭 교회와 성공회, 루터 교회, 감리교회가 채택하고 있는 제도다. 이 제도는 교회의 머리이신 그리스도가 교회의 정치를 직접적으로 또는 독점적으로 사도들의 계승자인 감독들에게 위임하였다고 주장한다. 그리고 신자들의 단체는 절대적으로 교회 정치에 참여할 수 없다고 하였다.

2) 대의원 제도

대의원 제도는 장로교회 계통에서 채택한 제도로 교회를 대표하는 대의원이 노회, 대회, 총회를 조직하여 교회를 지도한다.

이 제도는 민주주의적 원칙에 의한 제도로 대회나 총회는 교회 전반 문제를 의결하는 기관이요, 개교회의 문제는 노회에서 취급한다. 그리고 각 지교회에는 목사와 교인을 대표한 장로로 조직된 당회가 있어서 교회를 다스린다.

3) 조합 제도

조합 제도는 침례교회와 미국 회중교회가 채택한 제도로, 각 개교회가 그 교회의 모든 문제를 해결하고 결정할 수 있는 권한을 지닌다.

상회(上會)는 협의회적인 성격을 띠고 있어서 각 개교회에 대해서는 관여하지 않는다. 개교회의 행정 자유는 최대한 허용되어 있으나 교회 전체의 통일적인 면은 매우 약하다.

공동의회

공동의회는 장로교회의 조직 중에 지교회의 세례 교인 전체가 모여 교회 일을 의논하고 결의하는 회의다.

1) 회원과 회장

공동의회의 회원은 지교회의 세례 교인으로 구성되며 회장은 당회장이 맡는다. 그리고 서기는 당회 서기가 맡아본다.

2) 회의

공동의회는 당회 결의로 당회장이 소집하되 소집하는 일시, 장소, 안건을 한 주일 전에 교회에 알려야 한다.

공동의회는 다음의 경우에 소집한다.

첫째, 당회가 소집할 필요가 있을 때

둘째, 제직회의 청원이 있을 때

셋째, 무흠 세례교인 3분의 1이상의 청원이 있을 때

넷째, 상회(上會)의 지시가 있을 때

공동의회는 회집된 회원으로 개회할 수 있으나 너무 적게 모였으면 회장이 회에 물어 연기할 수도 있다.

3) 의결 사항

첫째, 당회에서 제시한 사건

둘째, 결산과 예산의 통과

셋째, 위임목사 투표, 장로, 집사, 권사의 선거

목사 청빙 투표는 투표수 3분의 2의 찬성과 입교인 과반수의 승낙을 요하며, 장로와 집사와 권사를 선거할 때는 투표수의 3분의 2의 찬성을 요한다. 그러나 아무런 지시가 없는 사건은 다수결로 한다.

치리회

장로교회의 치리회는 당회, 노회, 총회로 구분된다. 모든 치리회는 목사와 장로로 조직하되 총회는 최고의 치리회다. 치리회란 입법, 사법, 행정의 세 기능을 가지고 행사하는 장로교회의 조직이다.

1) 치리회의 임무

각급 치리회는 교회 헌법이나 규칙에 대하여 이견이 있을 때 성경의 교훈대로 교회의 성결과 평화를 위하여 치리한다. 각급 치리회는 고유한 특권이 있으나 순차대로 상급 치리회의 지도 감독을 받는다. 당회는 상급 치리회인 노회, 노회는 최고 치리회인 총회의 지도와 감독을 받는다.

2) 치리회의 권한

치리회는 교회의 평화와 질서를 유지하며, 행정과 권징을 맡아 처리하되 각급 치리회는 헌법에 따라 자체의 규칙을 제정할 수 있다.

제직회

1) 제직회의 조직

제직회는 목사, 부목사, 장로, 권사, 집사, 서리집사, 전도사를 회원으로 조직하되 회장, 부회장, 서기, 부서기, 회계, 부회계 등의 임원을 둔다. 회장은 목사가 맡고 그 밖의 임원은 제직회에서 선택한다.

2) 제직회의 부서

교회는 몸과 같아서 각 지체가 제 기능을 발휘할수록 교회로서의 면모를 갖추게 된다. 교회는 한두 사람의 힘이나 재능으로 잘 될 수 없기에 제직회에 각 부서를 두어 그 재능을 개발하고 활용하여야 한다.

(1) 예배부

예배 위원회는 목사, 부목사, 전도사, 장로, 성가대장, 반주자로 구성하여 찬송가 지도와 보급으로 예배 분위기를 경건하게 조성하며 교회의 악기와 예배실의 관리를 맡는다.

예배 위원회에서 안내와 수금자들의 배치와 예배를 위한 인원의 동원을 맡아 개인과 가정의 신앙생활을 지도하고 훈련한다.

(2) 교육부

교육 위원회는 교육목사, 각급 교회학교 부장 및 유능한 제직으로 구성하여 각급 교회학교의 관리와 지도를 맡아 교육적인 행사나 집회를 계획하며 교육 기구의 구입과 관리를 한다. 학생회, 청년회 등의 지도와 감독을 하여야 한다.

(3) 재정부

재정부는 재정 사무에 밝고 교인의 신임을 받되 가급적 십일조를 철저히 이행하는 장로나 집사로 조직하는 것이 좋다. 재정부는 예산의 편성과 집행, 수입 지출의 결의, 금전의 출납, 헌금 정신의 배양 및 권유를 맡는다. 재정부원은 하나님의 재물을 맡은 청지기로서 항상 떨리는 마음으로 봉사하여야 한다.

(4) 전도부

전도부는 전도의 사명감이 투철하고 전도 활동에 헌신적인 제직과 남녀 전도회의 회장 등으로 조직하여 각종 전도집회 및 부흥사경회를 계획하고 실천한다. 자매 교회와의 연락 및 전도 문서의 공급을 맡고 전도와 선교 사업을 돕는다.

(5) 봉사부

봉사에 열성이 있는 장로나 집사, 권사와 남녀 전도회의 임원 중에서 선택하여 봉사부를 구성하되 교회 내외부의 사업과 행사의 계획과 실천의 봉사를 맡는다.

(6) 친교부

친교부는 사교적이며 헌신적인 제직회원과 각 구역장이나 권찰을 포함하여도 무방하다. 교우간의 친목 행사의 계획과 실천을 맡아 교우들의 축하와 조문할 일에 교우들의 동원과 협조를 맡는다.

3) 제직회의

제직회는 매달 한 번씩 모여 교회 전반 사항을 보고하고 사업을 계획하고 의논하는 것이 유익하다. 제직회는 공동의회에서 결의한 예산의 집행, 수입지출의 취급과 동산 및 부동산을 관리한다. 제직회의 개회 성수는 과반으로 하되 모든 사건은 특별한 규정이 없으면 과반수의 결의로 회의를 결정한다.

교회의 각 기관 및 단체

교회는 각 기관과 여러 단체를 조직하여 전도와 교육 사업, 친교와 봉사를 위한 사업을 계획하고 실시하게 된다.

당회의 직접 관리와 감독을 받는 성가대, 주일학교 등을 기관이라 하고 신자들의 자치적인 성격을 가진 남·여전도회, 평신도회, 청년회, 학생회를 단체라고 한다.

교회에서 기관이나 단체를 조직하려면 당회의 허락을 받아야 하며 전도, 교육, 사회사업 등 교회 발전을 도모하는 사업을 해야 한다. 교회의 기관 및 단체는 당회의 치리와 감독을 받되 재정 출납은 1년에 1차 이상 당회의 검사를 받아야 한다.

6. 교회의 직원

교회의 직원에는 목사, 장로, 안수집사, 권사, 전도사, 서리집사 등이 있다. 이중에서 안수받은 직원인 목사, 장로, 안수집사를 항존직이라 하고 그 밖의 직원은 임시직이라 하는데, 강도사와 목사 후보생을 특별히 준직원이라고 부른다.

항존직은 종신토록 가지는 종신직이요, 임시직은 임시로 맡는 직분으로 시무 기간은 1년간이요 연임할 수 있다.

장로는 교인의 믿음과 행위 그리고 생활에 솔선수범이 되어야 하며, 신앙과 행위가 성경적이고 모범적이어야 교회 성장에 본이 된다. 설교와 교훈을 행하는 일이 장로가 행할 일이 아니나, 강도와 치리를 겸한 목사와 당회 운영에 힘써야 한다.

고린도전서 12장 28절에 있는 여러 가지 은사들 가운데는 '돕는 것'이란 은사도 있으므로 이에 근거하여 교회는 돕는 임시 직분을 둔다. 임시 직분에 속하는 자는 전도사, 전도인, 권사, 남녀 서리집사 등이다.

준직원이라 함은 준비 성격을 띤 직원이라는 뜻이다. 이들은 정규 직원에 임직되기까지 많은 훈련과 시험을 경유해야 할 위치에 있다. 이들은 엄격한 시험을 몇 차례라도 통과함이 필요한데 그 이유는 자격 없는 목사로 말미암아 교회가 세상 사람들의 멸시를 받지 않기 위함이다(딤전 3:7).

교회가 사명을 감당하려면 이를 위해 선발된 직원을 잘 훈련시켜야 한다. 교회는 신앙의 공동체이므로 교인들은 그 많은 일을 감당하기 위해 즐겨 훈련을 받아야 한다.

직원의 자세

교회의 직원이 된 사람은 언제나 자세를 바르게 가져야 한다.

1) 내 교회라는 정신으로 봉사한다

직원은 손님이 아니라 주인이기 때문에 교회나 나를 위해 무엇을 해주기를 바랄 것이 아니라 내가 내 교회를 위해 무엇을 기여할 것인가를 생각해야 한다.

2) 봉사자로서의 자세를 잃지 않는다

직원은 자기의 수고를 자랑하거나 공치사를 해서는 안 된다. 직원이 교회 위에 군림하려 들면, 이는 그리스도의 종이 아니다.

교인이나 직원은 하나님 앞에 다 같은 죄인이요, 그리스도인이다. 그러므로 평등의 원리를 지켜야 한다. 직원은 예수 그리스도의 종이요, 하나님의 종들의 종(Servant of Servants of God)이 되어야 한다. 직원은 지배자가 아니고 봉사자이므로 언제나 섬기는 원리를 지켜야 한다.

3) 교인들의 모본이 되어야 한다

직원들이 교인들에게 본이 되지 않으면 교회가 부흥되지 않는다. 직원은 예배 출석의 모범이 되며 십일조 드리는 헌금에도 솔선하여야 한다. 그리고 범사에 청지기로서의 본이 되어야 한다.

장로

장로직의 기원은 모세를 도와 이스라엘 백성을 지도하기 위하여 70명을 선출한 데서부터 시작되었다(민 11:16~17). 장로는 백성의 어른, 지도자, 다스리는 자라는 뜻으로 백성 중에서 재덕이 겸전한 자, 곧 하나님을 두려워하며 진실무망하고 불의한 이익을 미워하는 자가 장로로 추대되었다. 신약 시대에도 모세 시대의 장로 제도를 그대로 본받아 교회에 장로를 세웠고 바울은 장로의 자격을 디모데전서 3장 1~7절에 언급하였다.

1) 장로의 직무

첫째, 교회의 신령적 관계를 총찰한다. 장로는 목사와 협력하여 행정과 권징을 행하며, 지교회 또는 전국 교회의 영적인 정형을 감시한다. 이것은 마치 파수꾼의 역할과 같은 것이다.

둘째, 교리적 오해나 도덕적 부패를 방지한다. 장로는 그리스도의 양 무리가 교리적으로나 도덕적으로 잘못되지 않도록 개인적으로나 당회적으로 권면한다.

셋째, 교우를 심방하여 위로, 교훈, 간호한다. 교우를 심방하되 특별히 병자와 조상자(遭喪者)를 위로하며 무식한 자와 어린아이들을 가르치며 간호할 것이니 평신도보다 장로는 신분상 의무와 직무상 책임이 더욱 중하다.

넷째, 교인의 신앙을 살피고 위하여 기도한다. 장로는 교인과 함께 기도하며 위하여 기도하고 목사의 설교 결과를 찾아본다. 장로는 양 무리의 영적 성장을 위할 뿐만 아니라 목사의 설교 사역도 도와야 하는 것이다.

다섯째, 특별히 심방할 자를 목사에게 보고한다. 병환자와 슬픔을 당한 자와 회개하는 자와 특별히 구조받아야 할 자가 있을 때에는 목사에게 보고한다.

2) 장로의 자격

장로교회는 장로 중심의 교회다. 목사도 설교와 치리를 겸한 장로라고 한다. 장로는 상당한 식견과 통솔 능력이 있는 만 30세 이상 된 남자 입교인으로 흠없이 5년을 경과하고 디모데전서 3장 1~7절에 해당하는 자라야 한다.

집사

1) 집사직의 기원

집사는 목사나 장로와는 별도로 세움을 받은 또 하나의 항존직이다(빌 1:1, 딤전 3:1~7, 8~18). 이 직은 목사, 장로에게 종속되지 않는 구별된 성직으로서 그 맡은 일의 분야가 독특하니, 빈핍한 자를 구제하는 일이다.

이 직분은 원칙적으로 회중이 택하기 때문에 사역 분야의 독립성을 지닌다. 사도들은 구제하는 특수한 일을 집사들에게 맡기기 위하여 회중으로 하여금 집사를 택하도록 하였다(행 6:3). 그들은 결코 사도의 권위로써 집사를 임명하지 아니하였다.

집사직의 사역 분야의 독립성이라는 말은, 집사로서 장로들을 무시한다든가, 돕지 않는다든가, 존경하지 않아도 된다는 뜻이 아니다. 그들은 일반 회중과 함께 목사와 장로들을 존중히 하며 순종해야 한다. 그러나 그들이 특수 분야의 직분을 받았으니만큼 그들도 하나님의 종이요 교회의 사역이다. 그들은 결코 목사나 장로의 종이 아니다.

2) 집사의 직무

웨스트민스터 교회 정치 원본에는 집사의 직무로서 오직 한 가지만 말하였으니, 그것은 "가난한 자들에게 필요한 것들을 나누어주는데 특별히 봉사한다"라고 하였고, 그들의 다른 직무에 대해서는 거론된 바가 없다. 집사직의 본연의 책임은 구제하는 일이며, 이것은 주린 자를 먹이고 벗은 자를 입히며 눌린 자를 해방시켜주는 것 이상의 일을 포함한다. 집사는 가난한 자를 도와야 할 뿐 아니라 가난 자체를 막아야 한다.

3) 집사의 자격

집사의 자격은 사도행전 6장 3절, 디모데전서 3장 8~13절의 내용 가운데 잘 나타나 있다. 즉 그들은 (1) 복음에 합당하게 행하여 타의 모범이 되어 '칭찬받는 사람'이어야 하며, (2) '진실한 믿음'의 소유자로서 믿음과 성령이 충만하여 일구이언하지 않아야 하며, (3) 지혜가 충만하여 '분별력'이 있어야 한다. 이상의 세 가지 조건을 갖춘 자격자라면 재물을 맡아 빈핍한 자를 그리스도의 사랑으로 구제할 수 있을 것이다.

제9장

가정의 청지기

가정은 하나님이 세우신 최초의 기관이다. 가정은 개인적으로 안식과 행복의 원천이며, 사회적으로 국가의 기본 단위로서 개인 생활의 안정과 사회 질서의 열쇠가 된다.

특히 그리스도인의 가정은 그리스도를 머리로 삼고 그의 사랑과 은총을 함께 나누는 신앙 공동체다. 그리고 그 사랑과 은총을 이웃에게 나누어줌으로써 하나님을 섬기는 신앙의 훈련장이다. 그러므로 가정은 이기주의를 키우는 온실이 아니라 이웃에게 하나님의 사랑을 나누어주는 꽃밭이 되어야 한다.

성경은 개인의 구원보다 공동체의 구원을 더 강조한다. 구원은 혼자만 받아야 하는 것이 아니라 공동체 구성원 전부가 함께 받아야 하는 것이다. 그런 의미에서 가족이란 단위는 매우 중요한 의의를 지닌다. 그리스도인은 혼자만의 구원을 생각하고 추구할 것이 아니라 가족 전체, 교회 전체, 사회 전체의 구원을 염두에 두고 행동해야 한다.

페스탈로치는 “기독교의 특산물은 국가가 아니라 가정이다. 오늘 문명 세계에서 가정이라고 일컫는 것이 특별히 기독교로 말미암아 이루어진 것이다”라고 갈파하였다. 그러면 기독교에서 말하는 가정이란 어떤 것인지 살펴보자.

1. 가정의 기본 원리

하나님의 창조 질서에 맞는 올바른 가정이 되기 위해서는 몇 가지 갖추어야 할 기본적인 원리가 있다 성경은 다음과 같은 원리 규범을 교훈하고 있다.

일부일처의 원리

결혼 제도는 인간의 필요에 의하여 인간 스스로 만들어낸 제도가 아니라 하나님께서 창조의 질서에 따라서 제정하신 것이다.

“아담이 모든 가축과 공중의 새와 들의 모든 짐승에게 이름을 주니라 아담이 돕는 배필이 없으므로 여호와 하나님이 아담을 깊이 잠들게 하시니 잠들매 그가 그 갈빗대 하나를 취하고 살로 대신 채우시고 여호와 하나님이 아담에게서 취하신 그 갈빗대로 여자를 만드시고 그를 아담에게로 이끌어오시니 아담이 이르되 이는 내 뼈 중의 뼈요 살 중의 살이라 이것을 남자에게서 취하였은즉 여자라 부르리라 하니라 이러므로 남자가 부모를 떠나 그의 아내와 합하여 둘이 한 몸을 이룰지로다 아담과 그의 아내 두 사람이 벌거벗었으나 부끄러워하지 아니하니라”(창 2:20~25).

일부일처 곧 한 남자와 한 여자가 결혼하는 것은 창조의 질서이며 가정의 원칙이다. 예수님은 “사람을 지으신 이가 본래 그들을 남자와 여자로 지으시고”(마 19:4)라고 하셨으며, 바울도 교회의 감독과 집사의 자격을 말할 때 ‘한 아내의 남편’이어야 한다는 점을 분명히 못 박았다(딤전 3:2). 이 말은 의심할 바 없이 바울의 선교 활동에 의하여 형성된 회중들 중의 어떤 곳에 퍼져 있던 일부다처제를 염두에 두고 한 말이다. 일부다처제나 일부다부제는 모두 배격되어야 한다.

한 몸 됨의 원리

창세기 2장 18~24절에 가정을 이루기 위한 선행 조건이 제시되어 있음을 본다. 첫째는 ‘떠나라’(leave)는 것이며, 둘째는 ‘연합하라’(unite)는 것이고, 셋째는 ‘한 몸을 이루라’(oneness)는 것이다.

새로운 가정을 이루기 위해서는 먼저 부모로부터 독립하여야 한다. 장성한 자가 되어서까지 부모의 보호를 받고 그들에게 의존해서는 안 된다는 말씀이다. 그러고 난 다음에는 서로 사랑하는 배우자와 연합하는 과정으로 넘어가야 한다. 홀로 서지 못하는 두 남녀가 연합하여 비로소 서는 것이 아니고, 홀로 선 두 연인이 완전한 연합으로 하나가 되는 것이다. 그리고 이 연합은 구체적으로 한 몸이 되는 것으로 이어져야 한다. 남녀는 성적인 결합을 통하여 하나가 되어야 할 뿐만 아니라 영적으로 정신적으로도 하나가 되어야 한다. 예수님은 한 몸 됨에 관하여 이렇게 가르치셨다.

“그런즉 이제 둘이 아니요 한 몸이니 그러므로 하나님이 짝지어 주신 것을 사람이 나누지 못할지니라"(마 19:6).

이 말씀은 몇 가지 교훈을 내포한다.

첫째, 가정은 하나님이 짝지어주심으로 성립된다. 남녀가 결혼하여 가정을 이루는 것은 중매를 통해서든지 자유 선택에 의해서든지 모두 하나님의 경륜 가운데 되는 것이다.

둘째, 한 몸이 되었으니 나눌 수 없다. 하나님이 짝지어 한 몸이 되게 하였으니 인위적으로 나누어선 안 된다는 것이다.

셋째, 이혼은 하나님의 뜻에 어긋난다. 예수님은 음행한 연고 없이 아내를 버리고 다른 사람에게 장가드는 것은 옳지 않다고 하였다.

사랑의 원리

결혼은 남녀 간의 사랑에 기초해서 이루어진다. 행복한 결혼 생활을 보장해주는 것은 배우자의 조건, 즉 미모나 학벌이나 재산 등이 아니고 오직 사랑이다. 배우자의 화려한 조건을 보고 결혼하면 실패하고 만다. 조건과 조건으로 맺어진 결혼은 불행으로 가는 열차를 탄 것과 같다. 결혼은 사랑에 의하여 성립되어야 하고 지속되어야 한다. 그래야 온전하고 행복한 가정생활이 이루어지는 것이다. 성경은 부부 간의 사랑을 이렇게 교훈한다.

"남편들아 아내 사랑하기를 그리스도께서 교회를 사랑하시고 그 교회를 위하여 자신을 주심같이 하라"(엡 5:25). "그들로 젊은 여자들을 교훈하되 그 남편과 자녀를 사랑하며"(딛 2:4).

가정은 성결해야 한다. 가정이 성결해야 될 이유는 하나님께서 결혼을 통해서 인간의 새로운 생명을 주시기 때문이다. 그리고 우리 몸은 성령의 전이므로 더럽혀서는 안 되기 때문이다.

바울은 "음행을 피하라 사람이 범하는 죄마다 몸 밖에 있거니와 음행하는 자는 자기 몸에 죄를 범하느니라"고 경고하였다(고전 6:18). 또한 히브리서 기자는 "모든 사람은 결혼을 귀히 여기고 침소를 더럽히지 않게 하라 음행하는 자들과 간음하는 자들을 하나님이 심판하시리라"(히 13:4)고 하였다.

현대는 성도덕이 극도로 문란해져 가정의 성결성이 파괴되었다. 그리하여 경건한 자녀를 낳을 수도 없고 또한 키울 수도 없는 지경에 이르고 말았다. 경건한 가정은 성결에서부터 시작된다는 점을 잊어서는 안 된다.

2. 가정의 역할

가정은 네 가지 기능을 지니고 있다. 첫째, 가정은 안식과 행복의 장소다. 둘째, 가정은 일용한 양식을 공동으로 생산하고 소비하는 곳이다. 셋째, 자녀를 낳아 기르는 곳이다. 넷째, 가정은 교육의 도장(道場)이다.

행복의 안식처

삶의 활력은 안식에서 얻는다. 가정은 인간에게 참된 안식을 주는 평화의 처소다. 가족들끼리의 사랑의 교제가 마음의 평안을 안겨주며 행복감을 느끼게 해준다.

그런데 오늘날 많은 가정들이 대화와 인격적인 만남이 결여되어 불행의 근원지로 바뀌고 있다. 아버지는 사업에 바쁘고 자녀들은 공부에 시달려서 가정이란 한갓 잠만 자는 여관으로 전락해버리고 말았다. 새벽에 집을 나서면 자정이 다 되어서야 귀가하는 치열한 생존경쟁 속에서 인간성은 메마르고 가정은 위기를 맞고 있다. 가정이 파괴되면 모든 것이 무너지고 만다. 행복의 안식처로서의 가정이 제 위치를 찾고 정상적인 기능을 하게 될 때 비로소 개인은 물론이고 사회도 안정되고 국가도 튼튼해지는 것이다.

함께 일하는 공동체

가정은 생명의 아름다움과 노동의 즐거움을 몸으로 느끼며 생산의 고마움을 체험하는 곳이다. 온 가족이 함께 농사를 짓고 함께 물건을 만든다. 논에서 모내기를 함께하고 밭에서 협력하여 김을 맨다. 생산의 기쁨을 함께 나누는 공동체로서의 가정은 창조 질서의 기본이 된다. 생산과 소비의 공동 참여체로서의 가정은 사회의 기본 단위이면서 동시에 그 자체로서 온전한 독자적 영위체다.

종족 보존의 둥지

가정은 부부간의 결합에 의하여 성립되며 그들이 자녀를 낳음으로써 더욱 풍성해진다. 부모는 자녀를 낳아 기름으로써 인간의 보람을 느끼고 자녀들은 부모의 은덕을 체험하게 된다.

하나님께서 인간에게 문화 사명을 주실 때 제일 중요시한 것은 역시 자식을 낳아 기르는 일이었다. 출산은 가장 평범한 일처럼 보이나 실상은 가장 숭고한 인간의 사명이다.

"하나님이 자기 형상 곧 하나님의 형상대로 사람을 창조하시되 남자와 여자를 창조하시고 하나님이 그들에게 복을 주시며 하나님이 그들에게 이르시되 생육하고 번성하여 땅에 충만하라"(창 1:27~28).

문화 사명 중 가장 먼저 언급된 것은 자녀 출산이다. 앞에 언급되었다는 것은 뒤에 언급된 것보다 중요하다는 것을 암시한다. 결혼하여 자녀를 낳아 기르는 것은 인간의 사명 중에서 가장 앞서는 것이다.

구약에서 죽음을 거치지 않고 하늘에 오른 두 사람이 있다. 에녹이 그중의 한 사람이다. 그는 "하나님과 동행하며 자녀들을 낳았으며 그는 삼백육십오 세를 살았더라… 하나님이 그를 데려가시므로 세상에 있지 아니하였더라"(창 5:22~24)고 했다. 에녹은 지상에서 특별한 업적을 남긴 것이 없다. 성경에 기록된 것을 참고해보면 그의 유일한 업적은 자식을 낳아 길렀다는 것이다. 이것이 그의 공적이라면 자식을 낳는 것은 인간의 큰 사명임이 분명하다. 생육하고 번성하는 것은 가정의 거룩한 사명인 동시에 하나님의 큰 축복이다.

교육의 도장

가정은 자녀를 교육하는 곳이다. 신자 가정의 자녀 교육 방침은 성경의 교훈을 따르는 것이다. 성경은 "아비들아 너희 자녀를 노엽게 하지 말고 오직 주의 교훈과 훈계로 양육하라"(엡 6:4)고 말하고 있다. 감정적인 노여움이나 편협한 강제 교육이 아니라 주의 교양과 훈계로 해야 한다.

자녀들에게 지나친 학교 교육을 강조하기보다 그들의 인격 교육에 관심을 쏟아야 한다. 특히 자녀를 신앙으로 양육할 책임이 부모에게 있으니 학문과 지식 교육만으로는 부족하고 주의 교양과 훈계로 신앙을 가르쳐야 한다.

자녀들이 예수 그리스도를 믿는 신앙으로 올바로 성장해갈 수 있도록 가정의 영적 분위기를 잘 조성해주어야 한다. 꽃이 자라는 것도 햇빛이 잘 들고 바람이 잘 통하고 충분한 수분이 공급되어야 하듯이 자녀들의 양육은 가정의 영적 환경에 크게 좌우된다.

자녀 교육에서 어머니의 역할은 무엇보다 중요하다. 모세의 어머니는 모세에게 신앙과 민족심을 키워서 이스라엘 민족을 해방시킨 영웅이 되게 하였으며, 한나의 기도는 사무엘을 위대한 하나님의 종으로 만들었다. 또한 디모데는 그 신앙을 외조모와 어머니에게서 물려받았다(딤후 1:5). 어린 자녀들에게 어머니의 품은 신앙의 학교인 것이다.

3. 가정의 윤리

가정의 윤리는 어디까지나 성경적이어야 한다. 성경에는 남자와 여자의 역할이 분명히 지적되어 있다. 하나님께서 남자를 만드시고 남자를 위하여 돕는 배필로서 여자를 만드셨다. 여기서 돕는 배필이란 조수나 보조원을 의미하는 것이 아니라 서로를 보충해주는 존재라는 뜻이다. 남자에게 여자는 정신적으로나 육체적으로 부족한 부분을 보충해주는 존재여야 하며, 여자에게 남자도 역시 부족한 부분을 보충해주는 존재여야 한다.

하나님께서 하와를 만드실 때 아담의 갈빗대를 사용하셨다는 사실이 그것을 방증해준다. 매튜 헨리(Matthew Henry)는 이렇게 주석하였다. "하나님께서 하와를 아담의 머리뼈로 만들지 않으신 것은 여자가 남자를 지배하고 무시하지 않도록 하기 위함이다. 그리고 하와를 아담의 다리뼈로 만들지 않으신 것은 여자를 남자의 종이나 하인의 신분으로 만들지 않으셨음을 의미한다. 하나님께서 아담의 갈비뼈로 하와를 만드신 것은 남녀가 서로 동등한 위치에서 사랑과 협조의 동반자로서 피차의 인격을 존중하면서 살도록 하기 위함이다."

그러므로 남자와 여자를 분리시켜 생각할 수 없고, 남자는 여자에 의하여 또 여자는 남자에 의하여 온전한 사람으로서 존재하게 되는 것이다.

남편의 역할

가정의 주인은 하나님이시다. 그러므로 하나님께 대한 순종은 행복한 가정을 이루는 데 있어서 무엇보다 중요한 기초가 된다. 그리고 궁극적인 권위이신 하나님은 그 권위를 가장에게 주어 온 가족이 그에게 순복하도록 하셨다. 자녀는 부모에게, 아내는 남편에게 순종해야 한다. 성경은 교회가 그리스도에게 하듯 아내는 자기 남편에게 순복해야 하며, 남편은 아내의 머리 됨을 말하고 있다.

남편은 가정의 머리로서 한 가정의 책임을 지며 사랑으로 그 권한을 행사하는 지도자가 되어야 한다. 남편은 가정의 가장으로서 가정의 물질적 필요를 공급해야 하고(딤전 5:8), 아내와 자녀들을 두려움과 압력으로부터 보호해야 하며(막 3:27), 가정의 영적 지도자가 되어 사랑과 희생으로 가족을 이끌어야 한다. 남편은 하나님께서 자기를 사랑하시는 것과 같은 방법으로 가족들을 사랑해야 한다.

가장이 가족을 이끄는 데 필요한 몇 가지 지침을 제시하고자 한다.

1) 적극적인 사람이 된다

매사에 적극적이고 창조적인 사람에게는 삶이 풍요로워지고 밝은 미래가 있다. 하지 말라는 것보다 해야 할 것을 실천하고 가르치기를 힘쓰며 상대의 좋은 면을 보도록 한다.

2) 가치 있는 일에 전력을 다한다

매사에 태만하고 흐지부지하는 자는 성공하지 못한다. 바울은 믿음의 아들 디모데에게 "이 모든 일에 전심전력하여 너의 진보를 모든 사람에게 나타나게 하라"고 권면하였다. 하나님의 도우심만 믿고 게으름을 피우는 자는 진정한 신앙인이 아닐 것이다.

3) 화기애애한 가정으로 만든다

대부분의 남편들이 직장일로, 동료 관계로 인하여 가정을 소홀히 하기 쉽다. 밤늦게 들어와서는 잠만 자고 다시 일터로 나가는 일상을 되풀이할 때 가족의 대화는 단절되고 가정은 삭막해진다. 가장은 가족들을 위해서 시간을 할애할 줄 알아야 한다. 그들과 함께 대화하고 다정스러운 정담의 시간을 가질 때 가정은 화목해진다. 가족 구성원들은 따뜻하고 평안이 넘치는 가정을 소망한다. 가장은 그러한 가정을 만들어야 할 의무가 있다.

4) 가족들을 올바른 길로 이끌어가야 한다

가장은 혼자서만 잘해서는 안 된다. 가족의 공동 목표를 달성하기 위해서 온 가족이 함께 힘을 합하여 노력하여야 한다. 힘을 모으고 지혜를 합쳐 서로를 격려하고 아껴주는 가운데 일을 성공적으로 달성할 수 있을 뿐 아니라 가족 간의 진정한 사랑은 싹트는 것이다.

아내의 역할

하나님께서는 아내의 역할에 관하여 다음과 같이 명령하셨다.

1) 좋은 아내가 될 것이며 남편을 행복하게 해주고 남편이 당신을 자랑스럽게 여기도록 한다(엡 5:33).

2) 내적 아름다움을 계발하고 온유하고 조용한 심령을 가져야 한다(엡 5:23~24).

3) 남편을 존경한다(잠 12:4).

4) 남편을 사랑하며, 자제력을 가지고 순결하며 좋은 가정주부가

된다(롬 7:2).

5) 남편의 권위를 인정한다(고전 7:3).

6) 남편에게 순종한다(벧전 2:4~5).

7) 남편의 필요를 만족시켜준다(딛 2:4~5).

8) 남편의 입신양명을 돕는다(잠 31:23).

남편 대하기를 '주께 하듯' 하는 아내의 순종은 명예로운 완성의 위치다(엡 5:22). 사랑하는 아내는 남편을 기쁘게 해주기를 바라며 남편의 약점을 도와주며 장점을 개발해주는 일에 기쁨을 느낀다.

구약의 잠언서에 보면 현숙한 여인상에 관하여 잘 교훈되어 있다. 잠언 31장에 나타나는 여인은 현숙하며 재능이 많은 여인이었다. 그녀의 인격과 재능은 가정을 위해서 충분히 활용되었다. 그래서 그 남편은 그녀를 신뢰하며 그녀는 재능을 마음껏 발휘하여 산업이 핍절하지 않게 한다. 살아 있는 동안 남편에게 선을 행하고 악을 행하지 않는다. 자기가 맡은 일에 최선을 다하며 그것이 곧 남편을 위하는 일임을 잘 알고 있다. 그러므로 그녀는 가정을 위해 기쁨으로 육체적인 노동을 하게 된다. 즉 그녀는 "양털과 삼을 구하여 부지런히 손으로 일하며"라고 했다(잠 31:13). 이에 더하여 상업으로 가정의 부를 더하는 능력이 있었으며, 곤고한 자에게 손을 펴며 궁핍한 자를 위하여 손을 내민다(잠 31:19~20). 또한 지혜로운 말로 남을 교훈하는 인격자였다. 그러므로 그 남편 또한 그 사회에서 인정받는 사람이 되었으므로 자녀들은 그녀에게 일어나 사례하고 남편은 칭찬한다고 하였다.

가정은 가족들이 함께 배우고 인생의 가장 중요한 교훈을 배우는 곳으로 가정의 성공은 주부에 의해서 크게 좌우되는 것이다.

부모의 역할

사도 바울은 자녀에 대한 부모의 역할을 사랑과 교육이라고 하였다(엡 6:4).

1) 부모의 사랑

(1) 잘못된 사랑의 개념

첫째, 지나치게 부드럽거나 지나치게 엄격한 것이 부모의 사랑은 아니다.

둘째, 소유욕은 사랑이 아니라 과잉 교육을 낳는다. 곧 지나치게 자녀를 보호하려는 행동은 오히려 자녀를 그르치기 쉽다. 그것은 자녀들에게 독립심을 자라지 못하게 하며 이기주의에 빠지게 할 위험이 높다. 또한 자녀들에게 부모의 꿈을 강제로 주입시킴으로써 자녀들의 성격과 재능 등을 계발하지 못하게 막는 역효과를 낳기도 한다.

셋째, 방임주의 역시 진정한 사랑이 아니다. 자녀를 방임해둔다면 그들은 곧 사회의 죄에 영향을 받게 된다.

넷째, 훈계 없는 무조건적인 허용은 자녀를 방종의 길로 보내는 것과 같다.

(2) 잘못된 사랑의 태도

첫째, 잘했을 때에만 칭찬하는 것. 잘했을 때와 마찬가지로 잘못했을 때에도 격려를 해주어야 한다.

둘째, 신경질적이고 윽박지르는 것. 자녀를 노하게 하거나 낙심하게 만들어서는 안 된다(엡 6:1~4, 골 3:21).

셋째, 협박조로 말하는 것. 일방적인 강요는 오히려 역효과를 낳는다.

넷째, 무관심한 태도. 침묵과 무관심은 자녀를 병들게 하고 가정으로부터 소외되게 만든다.

(3) 사랑의 표현 시기

첫째, 훈계할 때

훈계는 사랑에서 나온 것이라는 점을 인식시켜주고, 훈계가 끝난 다음에는 꼭 보듬어주어야 한다. 그리고 일단 용서한 것은 잊어야 한다.

둘째, 문제가 있을 때

셋째, 외로워할 때

넷째, 특별한 날(생일, 기념일 등)

(4) 사랑의 표현 방법

하나님께서 인간을 사랑하시는 방법대로 사랑을 표현하는 것이 가장 좋다. 단순한 부모의 사랑(Storge)의 차원을 넘어 하나님의 사랑(Agape)의 차원으로 끌어올려야 한다.

2) 부모의 교육

부모의 역할은 자녀가 바른길을 가도록 교육하는 데 있다. 자녀들로 하여금 하나님께서 자신에게 맡기신 소명이 무엇인지를 발견하도록 돕는 일에 힘을 기울여야 한다.

자녀들은 각자 서로 다른 성격과 재능을 갖고 태어나며 하나님께서 저들 각자에게 정해주신 사명이 있으므로 부모들은 자신들의 어떤 야망이나 욕심을 자녀들에게 강요해서는 안 된다. 자녀들은 궁극적인 의미에서 부모의 소유가 아니라 하나님의 소유이며, 부모는 단지 하나님의 자녀를 위탁받아서 낳고 기르는 책임을 맡은 것뿐이다. 그러므로 부모는 자신의 뜻이 아니라 하나님의 뜻을 따라서 자녀들에게 '마땅히 행할 길'을 가르치고 '주의 교양과 훈계'를 가르쳐야 할 의무가 있다.

먼저 부모는 자식들에게 모범을 보여주어야 한다. 곧 부모는 자신들의 아름다운 도덕 행동을 자녀들에게 본받으라고 권유할 수 있는 인간이 되어야 한다. 그리고 그 모든 행위는 하나님의 가르침인 성경에 기초한 윤리적인 모범이어야 한다.

여기서 참고로 케빈 레만 박사의 어린이가 부모님께 바라는 열 가지 계명을 소개한다. 부모들이 그들의 마음을 이해하는 데 도움이 될 것이다.

첫째, 제 손은 작으니 이불을 개거나 공을 던질 때 빈틈없이 정확할 것이라고 기대하지 마십시오. 제 다리는 짧으니 따라갈 수 있도록 천천히 걸어주십시오.

둘째, 제 눈은 부모님이 이미 겪으신 것처럼 이 세상을 두루 알지 못하니 차분하게 배워갈 수 있도록 도와주시고 공연히 막지 말아주십시오.

셋째, 집 안에는 언제나 일이 있게 마련입니다. 저는 어리고 시간이 모자라니 이 경이로운 세상에 관하여 차근차근하게 말씀하여주십시오.

넷째, 제 마음이 포근하도록 제가 필요로 하는 일에 관심을 기울여

주시고 하루종일 잔소리하는 일은 삼가 주십시오. 부모님께서 대접받기를 바라듯이 제게도 대접해주십시오.

다섯째, 저는 하나님께서 주신 특별한 선물이므로 하나님께서 부모님께 바라는 그대로 저를 귀히 여겨주시고 제 행동에 스스로 책임지도록 하시고, 모범된 생활을 보여주시며, 사랑스러운 방법으로 가르쳐주십시오.

여섯째, 제가 자라는 데는 부모님의 격려가 필요하니 꾸짖는 일은 삼가 하시고 또한 저를 꾸짖지 않고도 저의 행동을 교정할 수 있음을 알아주십시오.

일곱째, 제 자신에 대한 결정은 스스로 내리도록 자유를 주십시오. 비록 잘못을 했더라도 그것에서 교훈을 얻도록 하며 앞으로 살아나가면서 필요한 결정은 스스로 내릴 수 있도록 준비시켜주십시오.

여덟째, 제가 하기에 힘든 일을 억지로 시키지 말아주십시오. 제게 힘겨운 일은 부모님께서 바라는 대로 제가 다했다고 느끼지 못하게 만드니까요. 그리고 저와 형제자매를 비교하지 마십시오.

아홉째, 주말 같은 때에 부모님이 함께 여행하는 것을 주저하지 마십시오. 부모님이 아이들로부터 휴가가 있어야 하듯이 어린이들도 부모님으로부터 해방의 시간이 필요합니다. 이는 부모님의 결혼생활이 매우 훌륭하다는 것을 우리 자녀들에게 보여주는 것이기도 합니다.

열째, 교회와 주일학교에 저를 꾸준히 데리고 다녀 제가 본받아야 할 좋은 모범을 보여주십시오. 저는 하나님에 관하여 자세히 배우는 것이 즐겁습니다.

자녀의 역할

자녀들에 대한 하나님의 명령은 "자녀들아 주 안에서 너희 부모에게 순종하라"는 말씀 속에 요약되어 있다(엡 6:1).

부모와 자식 간에는 세대의 차이가 있고, 그것은 곧 생각과 행동에서 커다란 격차가 있음을 의미한다. 그래서 부모와 자녀 간에 의견 충돌과 마찰이 있을 수 있다. 그러나 자녀는 부모님의 의견에 순종하는 것이 옳다고 하나님은 말씀하신다. 자식은 자신의 주장을 한 걸음 후퇴시키고 일단 부모의 뜻을 따르는 것이 덕을 세우는 일이 된다.

그러나 자녀라고 해서 부모의 불의에까지 순종해서는 안 된다. 자녀가 부모에게 순종하는 기준과 한계는 '주 안에서'인 것이다. 부모가 혹 진리에 어긋나는 것을 강요할 때 그것까지 효도라는 이름으로 순복해서는 안 된다. 그때에는 오히려 부모님을 깨우치고 설득하여 바르게 인식하도록 돕는 것이 참 효도의 길이라는 것을 명심해야 한다.

어쨌든 부모님께 대한 효도는 그리스도인의 최고 미덕이다. 부모를 공경하는 것은 약속이 담보된 첫 계명이다. 즉 땅에서 잘되고 장수한다는 약속이 보장되어 있다(엡 6:2~3).

예수님은 십자가의 고통 중에서도 아들된 책임을 잊지 않으시고 어머니 봉양을 요한에게 부탁하셨다. 가정에서 부모를 위시하여 연장자를 존경하고 지도자를 존중하는 생활은 신앙의 아름다운 표현이다.

형제의 역할

가정에는 형제자매가 있다. 부모와 자녀 사이에는 이해를 초월하지

만 형제간에는 이해가 앞서기 쉽다. 형제간의 윤리를 잘 지키지 않으면, 비록 피를 나눈 형제일지라도 원수보다 더 미워지기도 한다.

부모 형제가 화목하게 사는 가정은 아름다운 가정이다.

"형제가 연합하여 동거함이 어찌 그리 선하고 아름다운고"(시 133:1).

형제간의 이해가 주로 엇갈리는 경우는 어려움에 직면해서가 아닌 이것을 극복하기 위하여 형제자매는 믿음과 사랑으로 우애를 다져야 한다.

"형제는 위급한 때를 위하여 났느니라"(잠 17:17).

형제와 자매가 믿음 안에서 서로를 위할 때 하나님의 축복을 받는 가정이 될 것이다.

제10장

사회의 청지기

사람은 더불어 함께 사는 존재다. 하나님께서는 인간으로 하여금 공생 공존하도록 창조하셨다. 그리고 성경 역시 그렇게 사는 법을 가르쳐주고 있다. 인간은 혼자 사는 존재(Homo Solitarius)가 아니라 함께 살며 함께 일하는 존재다(Co-humanity), 인간은 단독자가 아니라 사회적 실존인 것이다.

성숙한 인간이란 그런 의미에서 혼자 멋있게 사는 사람이 아니고 더불어 살 줄 아는 사람을 뜻한다. 즉 상부상조, 상호 보완, 상호 의존 하는 사람이라야 하는 것이다.

사람은 탄생하면 부모에게 의존하는 유아기를 지내게 된다. 그리고 나서 자주적이고 독립적인 청년기에 이르는데, 이때 모험적이고 주체적인 행동으로서 인간 경험을 쌓게 된다. 그러나 그는 독불장군 노릇하는 자기 자신을 발견하게 된다. 그리하여 결혼도 해야 하고 이웃과 더불어 상부상조해야만 살아나갈 수 있다는 진리를 체득하게 된다. 그러므로 인간의 실상은 개체가 아니라 상호 의존적이고 연대적인 존재이다.

이렇게 상호 의존적인 인간들이 모여 서로 돕고 사랑하며 사는 공동체를 이룬 것이 사회이다. 청지기 직분은 바로 이러한 사회와 불가분의 관계를 맺고 있다.

청지기는 하늘나라의 시민인 동시에 사회의 한 시민이다. 청지기는 이중의 시민으로 하늘나라 시민의 책임과 의무가 있는가 하면 사회의 한 시민으로도 책임과 의무가 있다. 청지기는 사회의 빛과 소금의 역할을 해야 할 고귀한 사명을 지니고 있다.

1. 청지기의 사회생활

인간은 언제나 사회 집단을 기초로 하여 살아가며 여러 가지 집단과 서로 관련을 갖고 행동한다. 그리스도인도 사회의 한 일원이므로 그 사회를 밝고 맑은 사회를 만들 책임이 있다. 그것은 하나님의 나라를 이 땅에 현재화하는 한 일환으로서의 의미도 갖는다.

청지기는 하나님으로부터 교회로 부름을 받아 세상에 보냄을 받은 자다(요 17:18). 그래서 주님은 그리스도인들을 이 땅에서 데려가기 위함이 아니라 단지 악에 빠지지 않기 위하여 기도하셨다(요 17:15).

진실한 생활

거짓과 속임이 판을 치는 사회에서 그리스도인들의 삶의 근본은 진실이어야 한다. 진실하게 사는 자가 실패하고 사기 치는 사람이 성공하는 사회는 불행하고 병든 사회다. 그리스도인들은 바로 이러한 사회를 변혁시켜나가야 한다.

진실이란 말은 헬라어로 믿음이란 말과 같은 의미를 지닌다. 그리스도인은 믿음의 사람인 동시에 진실의 사람이 되지 않으면 안 된다.

"오직 의인은 믿음으로 말미암아 살리라"(롬 1:17).

체코의 수도 프라하의 중심 광장에는 종교개혁의 선구자 얀 후스의 동상이 서 있는데, 거기에는 후스의 말이 다음과 같이 기록되어 있다.

"진실을 배우며 진실을 사랑하며 진실을 말하며 진실을 양보하지 않으며 죽을 때까지 진실을 지키라."

인권을 존중하는 생활

모든 인류는 아담의 후예들이므로 서로 한 형제요 자매다. 그러므로 서로 아끼고 사랑하며 인권을 존중해주어야 한다.

그리스도인들은 인격이 존중되고 인권이 보장되는 건전한 사회를 만드는 데 앞장서야 한다. 세리, 죄인, 창기, 불구자, 가난한 사람, 환자, 노동자, 농민, 여자, 어린이, 흑인 등의 구별이 없이 그들의 인권은 존중되어야 한다. 일찍이 예수님은 이런 자들과 함께 어울리면서 그들의 권익과 인권을 높여주셨다.

인간이 인간으로서 정당한 대우를 받지 못하고 부당한 재판이나 학대, 고문 등이 공공연하게 자행되는 사회는 하나님께 반역하는 사회다. 거리에서 죄 없는 자들이 피를 흘리고 캄캄한 지하실에서 고문당하며 인권 유린을 당할 때 입술로만 그리스도의 사랑과 인권 존중을 외치는 것은 신앙인의 바른 태도가 아니다. 구체적으로 정의가 실현되는 사회를 만들어가는 데 적극적인 관심과 참여가 뒤따라야 할 것이다.

사람은 살아야 할 권리뿐 아니라 누려야 할 권리도 있다. 먹고 입고 사는 문제에서부터 자유와 평등과 평화를 누리며 살아가는 모든 문제에 이르기까지 누구나 그것을 누릴 권리가 있다. 청지기 된 그리스도인들은 인권 옹호에 그 누구보다도 앞장서야 한다.

책임적인 생활

누가복음 10장에 선한 사마리아 사람에 관한 예수님의 이야기가 나온다. 예수님은 그 비유 속에서 세 종류의 사람을 교훈하셨다.

첫째로 자기의 이익을 위해서 남을 해치는 사람이다. 본문의 강도는 자기의 이익을 구하기 위하여 지나가는 나그네를 거반 죽을 정도로 부상을 입혔다.

이 사람은 모든 행위의 판단 기준이 자기의 이익이었다. 그래서 자기의 유익을 위해서는 남을 해치는 데 조금도 주저함이 없다. 이런 사람은 사회에 있어서는 안 될 사람이다.

둘째로 남들에게 유익도 주지 않고 해악도 주지 않는 사람이다. 성경 본문의 제사장과 레위인이 바로 이런 유형의 사람이다. 이러한 사람은 남에게 피해를 주지 않는 범위 내에서 자신의 유익을 추구하나 그렇다고 남들에게 유익도 주지 않는 그러한 사람이다.

본문에 의하면 종교인들이 이 유형에 속해 있다고 하겠다. 그리스도인들이 사회 속에서 그 사명을 망각하고 형식적인 신앙인으로 전락해버릴 때 쓸모없는 사람들이 되고 만다는 예수님의 경종이다. 이러한 사람은 사회 속에서 있으나 마나 한 자들이다.

셋째로 자기를 희생하여 남을 도와주는 사람이다. 성경의 사마리아인은 강도 만난 자를 인근 주막으로 데려가서 치료하여주고 치료비를 부담하여줌으로써 사랑을 베풀었다. 그는 바삐 가야 할 여정을 중단하고 자신의 시간과 재물을 어려움을 당한 이웃을 위하여 기쁘게 투자하였다. 이런 유형의 사람은 사회에 꼭 필요한 자들로서, 이런 자들이 많으면 많을수록 사회는 밝아진다.

그리스도인은 사회의 청지기로서 사회를 더 밝고 맑게 만드는 일에 책임 있는 자로서 행동하는 모범을 보여야 한다. 비록 그리스도인들은 이 땅에 속한 자들이 아니고 하늘에 속한 자들이나 사회의 방관자가 되어서는 안 된다.

2. 청지기의 사회 참여

왜 그리스도인들은 사회 참여를 해야 하며, 사회 참여란 구체적으로 무엇을 의미하는가? 여기서 사회 참여에 대한 필요성과 정의에 관하여 살펴보자.

사회 참여의 필요성

현재 인류의 5분의 1이 빈곤을 경험하고 있으며, 생존을 위한 기본 필수품이 부족하고, 또 그들 중 수천 명이 매일 굶어 죽고 있다. 수많은 사람들이 주택과 의복이 없으며, 깨끗한 물과 의료 보호가 없고, 교육과 고용을 위한 기회가 없으며, 그들 스스로 또는 그들의 가족 스스로 자기 개선의 가능성이 없이 비참한 삶을 겨우 이어나가고 있다. 또한 경제적 불평등에 의해 억압당하고 있는 것이다. 그들은 엄청난 경제적 불평등을 야기하고 영구화하는 갖가지 경제 제도들에 의하여 고통을 받고 있다.

가난한 사람들이 겪고 있는 억압은 정치적인 것이다. 그들은 극우 또는 극좌의 전체주의적 통치에 의해 기본적인 인권을 거부당하고 있다. 그들이 저항하면 재판 없이 투옥당하고 고문을 받는다. 또 다른 사람들은 그들의 인종 또는 성 때문에 차별을 당하고 있다. 그리고 대부분은 해결이 불가능해 보이는 여러 가지 세계적인 문제들에 의하여 억압을 당하고 있다. 즉 인구 과잉과 그에 따른 기아와 빈곤, 재생 불능의 에너지 자원의 고갈, 환경의 훼손, 지역사회 폭력, 전쟁 및 핵전쟁의 위험 등이 그것이다.

이 모든 것들이 인류의 심원한 죄악성에 뿌리를 두고 있으며, 또 그것들은 하나님의 백성으로부터 급진적인 동정적 반응을 요구하고 있다. 복음만이 인간의 마음을 변화시킬 수 있다. 그 어떠한 영향도 복음이 하는 것보다 사람을 더 사람답게 만드는 것이 없다.

우리는 전도 사역에서 멈출 수 없다. 세계 복음화와 더불어 하나님의 백성을 구제, 원조, 발전, 정의, 평화, 평등 등을 위한 추구에 깊이 관여해야 한다.

사회 참여의 신학적 근거

사회 참여에 대하여 신학적으로 좀 더 정확히 인식하기 위하여 로잔언약에서 채택된 '기독교인의 사회적 책임'에 관한 항목을 살펴봄으로써 그 서술에 대신하고자 한다.

"우리는 하나님이 만민의 창조자이신 동시에 심판자이심을 주장한다. 그러므로 우리는 인간 사회 전면에 걸친 정의와 화해에 대한 하나님의 관심에 동참해야 한다. 인간은 하나님의 형상대로 지음받았기 때문에 모든 사람은 인종, 종교, 피부색, 문화, 계급, 성 그리고 연령에 관계없이 내재적인 존엄성을 지니고 또 그것 때문에 사람은 착취를 당하는 것이 아니라 존경과 섬김을 받아야 한다.

이 점을 우리가 등한시한 것에 대하여 그리고 자주 복음 전도와 사회적 관심을 배타적인 것으로 간주해온 것에 대하여 참회한다. 인간과의 화해는 하나님과의 화해가 아니며, 사회 활동이 복음 전도는 아니며, 정치적 해방이 구원은 아니다. 그럼에도 불구하고 복음 전도와 사회 정치적 참여가 우리 그리스도인의 의무의 두 부분임을 주장한다. 왜냐하면 이 양자는 우리의 신론과 인간론, 우리 이웃에 대한 사랑과 예수 그리스도에 대한 우리 복종의 필연적인 표현이기 때문이다.

구원의 메시지는 모든 형태의 소외와 압박과 차별에 대한 심판의 메시지다. 우리는 악과 불의가 존재하는 곳 그 어디에서나 그것을 고발하는 것을 두려워해서는 안 된다. 사람들이 그리스도를 영접할 때에, 그들은 그리스도의 왕국 안에 다시 태어나게 되며, 불의한 세상 한가운데 서서 그리스도의 왕국의 정의를 제시할 뿐만 아니라 또한 확산시키는 일에도 전력해야만 한다.

복음 전도와 사회 참여의 관계

예수 그리스도의 복음을 전하는 일과 그리스도인의 사회 참여는 어떤 관계가 있을까? 그 관계를 세 가지 관점에서 생각할 수 있을 것이다.

첫째, 그리스도인의 적극적인 사회 참여는 복음 전도의 결과이다. 즉 복음 전도는 하나님이 사람을 새롭게 태어나도록 하시는 수단이며, 그들의 새로운 삶은 다른 사람들에게 봉사하는 속에 나타나야 한다.

바울은 '믿음은 사랑을 통해서 역사한다'고 했으며(갈 5:6), 야고보는 "나는 행함으로 내 믿음을 네게 보이리라"(약 2:18)고 썼다. 요한은 우리 가운데 있는 하나님의 사랑은 우리의 빈핍한 형제들과 자매들을 섬기는 가운데 흘러넘칠 것이라고 교훈하였다(요일 3:16~18).

그렇다. 복음이 가는 곳마다 복음은 사람들의 마음에 새로운 삶을 낳는 힘을 심는다. 또 복음은 사람들의 공동체에 새로운 관계를 창조하는 힘을 낳는다.

어떤 면에서 사회적 책임은 복음 전도의 결과 이상이다. 사회적 책임은 복음 전도와 주요 목표들 중의 하나다. 왜냐하면 그리스도께서는 "모든 불법에서 우리를 속량하시고 우리를 깨끗하게 하사 선한 일을 열심히 하는 자기 백성이 되게 하려"고 그 자신을 우리에게 주셨기 때문이다(딛 2:14). 마찬가지로 우리는 복음을 통하여 "그리스도 예수 안에서 선한 일을 위하여 지으심을 받은 자니 이 일은 하나님이 전에 예비하사 우리로 그 가운데서 행하게 하려 하심이니라"(엡 2:10). 선행이 우리를 구원할 수 없으나 선행은 구원의 필수적인 증거다(약 2:12~26).

둘째, 사회 활동은 복음 전도를 위한 다리가 될 수 있다. 사회 활동은 편견과 의심을 깨뜨리고, 닫힌 문을 열 수 있으며, 또 복음에 귀를 기울이게 할 수 있다. 예수님 자신은 때때로 하나님 나라의 복음을 선포하기 전에 자비의 행위를 수행하셨다.

최근에 북부 가나의 선교사들이 댐을 건설해주었는데, 그것이 복음의 길을 열어주었다고 한다. 많은 선교적 의료, 농업, 영양 및 교육 사업이 비슷한 효과를 보였다.

실로 우리가 가난한 사람들의 고통, 사회적 억압, 소외와 고독에 눈을 감으면 그들은 영원한 메시지에 귀를 막을 것이다.

물론 사람들이 빵을 얻기 위하여 예수 그리스도를 따를 위험이 있는 것은 사실이다. 예수 그리스도께서 신앙의 목적이 되지 않고 수단으로 전락할 소지가 있다. 그러나 우리는 우리의 성실을 유지하고 다른 속셈이 있어서가 아니고 순수한 사랑에서 섬기며 이 위험을 무릅써야 한다. 그때 우리의 사회적 실천은 뇌물이 아니라 구원에 이르는 다리를 놓는 일이 될 것이다.

셋째, 사회적 실천은 복음 전도의 결과로서 또는 그 다리로서의 역할을 할 뿐 아니라 도안자로서의 역할을 한다. 그것은 바지의 두 가랑이나 새의 두 날개와 같다. 이 동반 관계는 복음을 선포하셨을 뿐 아니라 동시에 주린 자를 먹이시고 병든 자를 고치셨던 예수님의 공적 사역 속에 분명히 나타난다. 예수님의 사역 속에 '선포'(Kerygma)와 '봉사'(Diakonia)는 병행되었다. 그의 말씀은 그의 행위를 설명했으며, 또 그의 행위는 그의 말씀을 극화했다.

양자는 사람들에 대한 예수님의 동정의 표현이었으며, 그것은 또한 우리의 표현이 되어야 한다. 그것은 예수 그리스도의 주권에 기초하고 있기 때문이다. 예수님은 우리를 선포하고 봉사하도록 세상에 보내신다. 우리가 하나님의 좋은 소식을 선포하려면, 우리는 빈핍한 자들을 돌보는 가운데 그의 사랑을 나타내야만 한다.

그러나 선포와 봉사가 동일한 것이 아님을 우리는 분명히 하여야 한다. 복음 전도는 사회적 책임이 아니고 사회적 책임 역시 복음 전파는 아니다. 그러나 각각은 상대방을 포함한다. 둘은 엄밀히 구별되지만 분리되는 것은 아니다.

예수님을 주(Lord)와 구주(Savior)로 선포하는 것은 사회적 의미를 갖는다. 왜냐하면 그것은 사람들에게 개인적 죄는 물론 사회적 죄도 회개할 것을 요구하고, 옛것에 도전하는 새 사회 가운데서 의와 평화의 새로운 삶을 살도록 요청하기 때문이다.

또한 주린 자들에게 음식을 주는 것은 복음 전도의 의미를 내포한다. 왜냐하면 사랑의 선행이 그리스도의 이름으로 행해질 때 복음의 시위요 추천이 되기 때문이다.

한마디로 말해서 기독교는 이 둘의 조화요 균형을 추구한다. 즉 위로 하나님을 향한 수직적인 신앙의 차원과 아래로 이웃인 인간을 향한 수평적인 사회성의 차원에서 이 둘이 완전히 조화를 이룰 때 성경적 기독교는 실천된다.

3. 청지기의 직업관

직업의 개념

인간은 사회적인 존재이며, 육체를 지니고 있는 한 직업 없이는 오늘과 같은 세대에서는 더욱 살아갈 수가 없다.

한 가정의 생활 기반을 형성하는 업이라는 뜻으로 직업이라고 부르나, 서양에서는 기독교의 영향으로 말미암아 직업을 '부름'이란 단어로 표현하고 있다. 즉 영어의 Calling이나 독어의 Beruf 등의 단어들은 "하나님께서 각 사람들을 일터로 불러내셨다"는 의미를 지니고 있다. 이것은 우리말의 '천직'이라는 말과 상통한다.

이러한 의미에서 볼 때 직업은 단순히 생활 수단으로서의 가치를 지니기 이전에 하나님의 요구에 대한 응답으로서의 가치를 지니고 있다고 하겠다. 여기에서 직업의 귀천 개념은 사라지고 서로간에 다른 사람들의 직업을 존중할 수 있게 된다. 그리고 우리도 직업을 통해서 가족과 이웃을 섬기는 기회를 마련하여 하나님께 영광을 돌리기 위해 성실하게 일하는 데에만 전력하면 된다.

이러한 기독교적 직업관을 가지게 될 때 어떤 직장에서도 감사와 찬송과 보람을 가지게 될 것이다. 하나님께서 내게 맡기신 우주의 한 모퉁이를 담당한다는 심정으로 기쁘게 일할 수 있으며 하나님께 영광을 돌릴 수 있는 만족과 결과를 얻을 수 있을 것이다.

게으른 것은 악이요 노는 것은 큰 죄가 된다. 사도 바울은 "일하기 싫어하거든 먹지도 말게 하라"(살후 3:10)고 하였으며, 스스로도 천막 만드는 일을 계속하면서 복음의 사도직을 게을리하지 않았다. 주님께서도 공생애를 시작하시기 전에 목수로서의 직업을 갖고 일하셨으며, "내 아버지께서 일하시니 나도 일한다"(요 5:17)고 하시면서 일을 권장하셨다.

그리스도인은 직업을 귀히 여겨야 하며, 직업이 없음을 또한 부끄러워해야 한다. 그리스도인은 영육 간에 균형적인 생활을 이루어가야 하는데, 직업은 그 육체적인 면을 성숙케 하는 데 도움을 주도록 활용해야 한다. 직업을 통해서 우리는 사회를 발전시키고 역사를 건설해나가야 할 것이다. 우리가 하나님께 받은 직업 소명을 충실히 감당함으로써 하나님께 영광이 되고 인류 문화와 문명의 발전에 기여할 수 있어야 할 것다.

직업의 선택

올바른 직업의 선택은 인생의 성공에 이르는 열쇠가 된다. 그러므로 신중하고 사려 깊게 직업을 선택하여야 할 것이다. 그리스도인으로서 다음 몇 가지 사항을 고려하는 것이 유익할 것이다.

첫째, 이 직업이 하나님을 기쁘시게 할 수 있는 것인가?

인간의 목적은 하나님을 기쁘시게 하며 영원히 그를 즐겁게 하는 것이므로 그리스도인은 직업 선택에서 신중을 기해야 한다. 그러므로 자기가 선택한 직업이 우선 하나님 앞에서 부끄럽지 않아야 하고 다음은 사람들 앞에서 떳떳해야 한다. 세상 사람들의 지탄의 대상이 되거나 가족이 부끄러워 할 직업은 처음부터 선택할 생각조차 품지 말아야 한다. 직업에는 귀천이 없으나 그리스도인들이 피해야 할 직업이 있는 것이다.

둘째, 이 직업이 사회와 인류에 공헌할 수 있는가?

그리스도인은 단순히 먹고 마시기 위한 수단으로서만 직업을 선택해서는 안 된다. 이웃과 사회에 봉사할 수 있는 직업을 선택하는 것이 반드시 필요하다. 그러기 위해서는 주조업이나 고리대금업 또는 매춘업 등은 피해야 한다.

셋째, 이 직업이 자기의 적성에 맞는가?

직업은 평생직이기 때문에 자기의 적성에 맞아야 한다. 많은 사람들이 적성을 무시하고 돈 많이 버는 직종, 인기도가 높은 직종 등을 선택하고 있는데 이것은 잘못된 것이다. 사람이 자기의 능력에 맞지 않는 직업을 선택하고 자기의 소질과 취미를 무시한 직업을 택해서 일한다면 그것은 커다란 고역이 아닐 수 없다. 그리고 자기의 재능에 맞지 않기 때문에 그는 그 직종에서 성공할 수도 없다.

그러므로 올바르게 직업을 선택하기 위하여 직업 검사(trade test) 같은 것을 받아보는 것이 유익할 것이다.

청지기의 직장 생활

1) 진실하라

직장인은 진실해야 한다. 특히 그리스도인은 직장에서 진실한 생활을 함으로써 빛을 드러내야 한다.

진실하기 위해서는 먼저 책임을 분명히 질 줄 아는 사람이 되어야 한다. "인간이 위대하는 것은 자기의 책임을 느낀다는 데 있다"고 어느 철학자는 말하였다. 강한 책임감을 가지고 업무에 임할 때 다른 사람들로부터 좋은 평판을 듣게 된다.

진실하기 위해서는 또한 인내력이 있어야 한다. 인내가 없이는 진실을 끝까지 지켜나갈 수가 없기 때문이다. 인간 세상에는 어려움도 많고 힘겨운 일도 적지 않다. 그러나 진실한 자가 되기 위해서는 그러한 어려움들을 인내로써 끝까지 견디어 나가지 않으면 안 된다. 그리스도인들이 직장에서 사소한 일을 참지 못하고 원성을 발한다면 결코 빛이 되는 생활을 할 수 없을 것이다.

그리고 진실하다는 것은 부패한 사회 속에서 용기 있게 살아간다는 것을 의미한다. 진실한 자는 불의를 고발할 줄 아는 용기가 있다. 진실은 개처럼 자기 집이나 잘 지키는 자기 방어만이 아니라 타인의 것도 지켜주는 용기다.

2) 꼭 필요한 자가 되자

베이컨(F. Bacon)은 세 종류의 인간을 말한다.

첫째, 거미 같은 사람이다. 거미가 거미줄을 치고 가만히 앉아서 벌레를 잡아먹듯이 무위도식하며 남에게 해를 끼치는 유형의 사람이다. 이러한 사람은 사회를 위해서나 국가 발전을 위하여 반드시 없어져야 할 사람이다.

둘째, 개미와 같은 사람이다. 개미는 남에게 해를 끼치지는 않으나 평생 자기만을 위한 생활을 한다. 이러한 유형의 인간은 있어도 좋고 없어도 별로 아쉬울 것이 없는 인간이다.

셋째, 꿀벌 같은 인간이다. 꿀벌은 부지런히 일하되 꽃에서 따온 꿀을 자기 혼자 먹는 것이 아니라 여럿이 함께 나눠 먹는다. 공동체 전체의 이익을 위하여 열심히 노동하는 성실한 사람이 이 사회에는 필요하다.

그리스도인들은 직장에 있어도 그만 없어도 그만인 존재가 되어서는 안 된다. 그가 없다면 직장에 큰 손실을 가져온다고 할 만큼 꼭 필요한 존재가 되어야 한다.

〈참고 문헌〉

1. 기독교의 생활백과사전, 정원출판사, 1984.
2. 딜라드, J. E., 『선한 청지기』, 침례회출판사.
3. 박윤선, 1965, 『헌법주석』, 영음사, 1983.
4. 벌코프와 고스터, 『집사 핸드북』, 생명의말씀사, 1984.
5. 벌고프와 고스터, 『장로 핸드북』, 생명의말씀사, 1985.
6. 스토프, 존, 『복음 전도와 사회적 책임』, 두란노서원, 1986.
7. 이용호, 『평신도 이렇게 키운다』, 한국문서선교회, 1986.
8. 한명수, 『모범 크리스찬 생활』, 크리스찬 비전사, 1984.
9. 해가이, 존, 『충성된 청지기』, 보이스사, 1985.
10. 『헌법』, 대한예수교장로회총회, 1986.